子どもと一緒に
取り組む

園生活での
子どものストレス
対処法

編著　小関俊祐

著　岸野莉奈・小池由香里・杉山智風・土屋さとみ・新川瑶子

中央法規

はじめに

子どものストレス？

　いまの時代は、さまざまな場面で「ストレス社会」と表現されます。実際に、厚生労働省の「労働安全衛生調査（実態調査）」（令和4年、個人調査）によると、仕事や生活に関することで強いストレスを感じると回答した労働者の割合が82.2％に上ることが明らかになっています。また、ストレスを感じる内容として、「仕事の量」「仕事の失敗、責任の発生等」「仕事の質」「対人関係」などが上位にあげられています。

　このようなストレスは、実は大人だけの話ではなく、子どもにも同様に当てはまることが知られています。実際に、うつ病や不安症といった精神疾患の診断を受ける子どもも少なくありません。厚生労働省は「こころもメンテしよう～若者を支えるメンタルヘルスサイト～」という特設サイトで、主に10歳代の子どもたちとその保護者、教師を対象に啓発を行っています。また、日本ストレスマネジメント学会では、「ストマネマスターへの道」という中高生を対象としたストレスマネジメントのコンテンツを紹介するページを作成し、子どもたちが自らストレスへの対処法を学ぶことを促進しています。

　では、幼児期の子どものストレスに対するはたらきかけはどのようになっているのでしょうか。大人の抱えるストレスには「仕事の量や質」「仕事の失敗」「対人関係」などがありますが、これは「苦手な活動がある」「みんなの前で失敗しちゃった」「お友だちとうまくかかわれない」と言い換えれば、幼児期の子どもが感じ得るストレスと共通することがわかります。つまり、子どもが抱えるストレスの内容や質は、大人になってからもあまり変わらないといえます。そのように考えると、幼児期からストレスに対する具体的な対処法を身につけることができれば、大人になってからもストレスにうまく対処できるのではないかとの思いから、本書の企画がスタートしました。

大きく３つのSTEPで構成

　本書は大きく３つのSTEPで構成されています。STEP１「子どものストレスについて理解しよう」では、「ストレス」について、心理学の視点から整理するとともに、STEP２で紹介するさまざまな対処法の理論的な根拠となっている「認知行動療法」についてわかりやすく紹介しています。STEP2「ストレスへの対処法を子どもと一緒に考えよう」では、全部で18の場面から構成される「集団のなかで気づく『ストレス場面別』対処法」を中心に、保育所や幼稚園、認定こども園などで子どもと一緒に実践できる、ストレスへの具体的な対処法について、事例を交えて紹介しています。「うちのクラスにもいるいる…」「こんな場面、毎日あるある…」と、日々の保育場面を感じながら読んでいただけると思います。STEP３「子どもを守る『環境』をつくろう」では、子どもを取り巻く環境と、その環境の一部である保護者や保育者自身のストレスへの対処法について解説します。

子どものストレス場面と保育者のかかわりを事例で解説

　特にSTEP2・第６章の「場面別対処法」については、ぜひ、保育所、幼稚園、認定こども園などの保育現場で実践してほしい内容となっています。具体的には、園などの集団生活において子どもたちの間で起こり得るストレス場面を事例として取り上げ、その事例の問題点を整理し、実際の対応例を示しました。まずは子どものストレスに気づき、日常的に生じる場面での適切な対人コミュニケーションの方法を獲得することで、ストレスの予防や早期対応につなげる方法を紹介しています。また、ストレスを直接的に感じるような場面での対処の方法と、身体をリラックスさせることでストレスを低減させる方法も含めています。さらに、ストレスへのさまざまな対処法をうまく選択したり、使い分けたり、実際にやってみて効果を振り返ったりする方法もまとめました。

　これらの対処法については、掲載順に実践することも、順番を入れ替えて実践することも、取り組みやすそうなものを選択して実践することも可能です。また、一人の子どもに対するかかわりを紹介している事例と、クラス全体へのかかわりを紹介している事例がありますが、いずれも「こうしなければならない」と決まったルールがあるわけで

はなく、子どもの様子や、園の状況に合わせて自由に展開することができます。一度実践した対処法に、数か月後に再度、取り組んでみたり、最初は集団で取り組んで、少ししてから特に習得してほしい子どもと個別に取り組んだりする方法もよいでしょう。お便りなどを通して、保護者に取り組みを知ってもらい、家庭でも話題にしてもらうとさらに効果が期待できます。

　本書を通して、子どもたちにとっても保育者にとっても、ストレスが単にいやなもの、悪いものではなく、うまく対処する方法を見つけることによって、子どもの成長にもつながり、大人になってからも役に立つ大切な力を身につけるきっかけとなることを知っていただければ幸甚です。何より、日々の園での生活において、子どもたちの笑顔が増え、子どもたちの笑顔によって、保育者や保護者の笑顔が増えることを願っています。

2024年2月　小関俊祐

目次

STEP 3　子どもを守る「環境」をつくろう

子どものストレスについて理解しよう

子どもも大人と同じようにストレスを感じるの？　子どものストレスと大人のストレスの違いはある？　STEP 1 では、日常的に使われることの多い「ストレス」という言葉について、心理学の視点から理解します。特に、目に見えない「心」ではなく、目で見て確認できて、ほかの人とも共有できる「行動」に着目する「認知行動療法」について理解することで、ストレスへの対処法のヒントが得られます。

第 1 章　ストレスとは

1　ストレスって何？

　娘が 5 歳になったばかりのころ、突然、「もーっ！　ストレスはっさんしたい！」と言い出しました。「えっ？　ストレスっていう言葉、知っているの？」と内心では驚きつつ、「ストレス発散って、何？」と尋ねると、「ストレスをはっさんさせるんだよ（怒）」と答え、さらに「ストレスって何？」と聞くと「イライラだよ！」と、「そんなことも知らないのか！」と言わんばかりの勢いで答えてくれました。別の日に、小学 4 年生の息子にも「ストレスって何か知っている？」と尋ねたところ、「んー、いやな気持ち？」と教えてくれました。

　みなさんのまわりの子どもたちも「ストレス」という言葉を使うことがあるかもしれません。ストレスという言葉は広く用いられていて、日常的には、「友だちとケンカをした」というようなストレスの原因も、「もう仲直りできないかもしれない…」と頭で考えたり思ったりしていることも、そしてわが家の子どもたちが答えたような、ケンカをしたときの「イライラ」や「いやな気持ち」といったストレスへの反応も、全部まとめて「ストレス」と表現することが多いでしょう。

　このような イライラやいやな気持ち、あるいは落ち込みや不安といった言葉で表現さ れるストレスは、特に「心理的ストレス」と呼ばれる ものです。ストレスというと、こ の心理的ストレスを指すことが一般的ですが、もともとは物理学で用いられていた言葉 で、たとえば金属に圧力を加えると曲がったり折れたりするように「物体に圧力をかけ ることで生じる歪み」を意味するものでした。それが転じて、外部からの圧力によって 生じる、人間を含む動物の行動や反応がストレスと呼ばれるようになり、広く用いられ るようになったのです。

　本書では、心理的ストレスに焦点をあて、人がストレスを感じるしくみや、ストレス との向き合いかたについて解説していきます。

チェック ✔

□　「ストレス」とは、「物体に圧力をかけることで生じる歪み」を意味する物 理学の用語だった！

② ストレスを分解してみよう

　心理学では、ストレスの原因のことを「ストレッサー」、ストレスの原因の受け止め かたを「認知的評価」、イライラや落ち込み、不安、憂うつといった精神的な反応、あ るいはお腹が痛くなる、頭が痛くなる、といった身体的な反応をまとめて「ストレス反 応」と呼んでいます。

　なぜ区別しているのかというと、それぞれを分けて考えることによって、ストレスに 対処しやすくするためです。まず、ストレスの原因を具体的に知ることによって、スト レスの原因を取り除くことができるかどうかを検討することが可能になります。また、 受け止めかたとして、「この問題はどうしようもない！」とか「私に大きな影響を及ぼ してしまう…」と考えるとストレス反応は大きくなりますが、「まあ、何とかなるだろ う」とか「私にはあまり関係ないかな」と考えるとストレス反応は小さくなる傾向にあ

ります。このように、「ストレス」とひとまとめにしないで、①ストレスの原因（ストレッサー）、②ストレスの原因に対する受け止めかた（認知的評価）、そして、③ストレスに対する精神的・身体的な反応（ストレス反応）を分けることで、それぞれに合わせて対処法を考えたり、行動したりすることが可能になります。このような対処法のことを「コーピング」と呼びます。それぞれの関係性は、図1-1のように示されます。

図1-1 ストレスの生じる流れと、子どもにおける項目の例

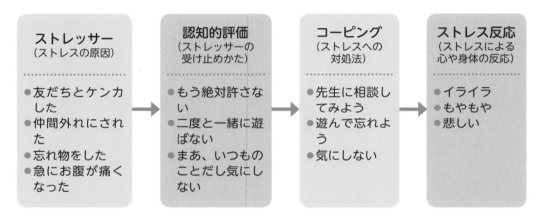

■ストレッサー（ストレスの原因）

ストレッサー、認知的評価、コーピング、ストレス反応にはそれぞれいくつか種類があります。まず、ストレッサーは、物理的ストレッサー、化学的ストレッサー、社会的ストレッサー、心理的ストレッサー、身体的ストレッサーの5つに分類することができます（表1-1）。

また、これらは、日常的に直面するストレッサーと、人生において数回経験するかどうかという程度のストレッサーとに分けられます。日常的に直面するものを「デイリーハッスル」と呼び、友だちとケンカをしたり忘れ物をしたり、苦手な食べ物を食べなければいけなかったりすることなどがこれにあてはまります。

一方で、たとえば進学、就職、結婚、出産、被災、大病などは「ライフイベント」と呼ばれ、人生における重大なできごとに位置づけられています。意外に思われるかもし

表1-1　ストレッサーの分類

分類	例
物理的ストレッサー	暑い、寒い、うるさい、まぶしい　など
化学的ストレッサー	薬物、たばこ　など
社会的ストレッサー	ノルマ、責任、評価、貧困　など
心理的ストレッサー	緊張、焦り、心配　など
身体的ストレッサー	殴られる、圧迫される、疲労　など

第**1**章
ストレスとは

れませんが、結婚や出産のようなおめでたいできごとでも、実はストレッサーとなり得るのです。これらのライフイベントを短い期間にいくつも経験すると、ストレスに関連した疾患にかかるリスクが高まるといわれています。

■ 認知的評価（受け止めかた）

　同じストレッサーでも、人によって、あるいは同じ人でもそのときの状況によって、生じるストレス反応は異なることが知られています。この違いを生む要素の一つが「認知的評価」です。認知的評価は大きく「ストレッサーにどの程度脅威があるか、自分に悪影響を及ぼす可能性があるか」という観点と、「ストレッサーに対処できる見込みがあるか」という観点の2つに分けることができます。たとえば、「仕事で大失敗をしてしまった」というように、自分にとって影響が大きいストレッサーでも、「ていねいに謝罪したり、修正したりすることで失敗を取り戻すことができた」など、対処が可能な場合はストレス反応は小さくなると予想されます。

　一方で、たとえば「ボールペンをなくしてしまった」というように、自分にとって影響が小さいストレッサーでも、「子どもから目が離せないため、代わりのボールペンを取りに行くことができない」など対処しにくい状況だと、ストレス反応は大きくなると予想されます。

　このように、ストレッサーの脅威度（自分に対する影響力）や、対処可能性（対処が可能という予測）は、個人の経験や状況によって変化します。したがって、同じスト

レッサーでも、人によって、またはそのときの状況によってストレス反応に違いが生じるのです（表1-2）。

表1-2 脅威度と対処可能性の組み合わせによって、ストレス反応が変化する

	脅威度：低い	脅威度：高い
対処可能性：低い	ストレス反応：小さい	ストレス反応：大きい
対処可能性：高い	ストレス反応：小さい	対処できれば ストレス反応：小さい / 対処できないと ストレス反応：大きい

■ストレス反応とコーピング

　人は、ストレス反応を感じると、ストレスを減らそうとしますが、ストレスの解決方法やストレスへの対処法を「コーピング」と呼びます。コーピングには、気持ちを楽にする「情動焦点型コーピング」とストレッサー自体をなくそうとする「問題解決型コーピング」の2種類があります。

　情動焦点型コーピングは、お風呂に入る、甘いものを食べる、カラオケに行く、好きな音楽を聴く、友だちにぐちを言うなど、自分の気持ちを楽にすることをねらいとする対処法です。一方で、問題解決型コーピングは、情報を調べる、準備する、友だちにアドバイスを求めるなど、ストレッサーを具体的に解決することをねらいとして、ストレッサーそのものにはたらきかける対処法です。

　情動焦点型コーピングと問題解決型コーピングには、ストレス反応を小さくする効果

がある場合と、反対に効果がなかったり、むしろストレス反応が大きくなってしまったりする場合があります（表1-3）。たとえば、「仕事で失敗した」というような過去のできごとに対して問題解決型コーピングを用いようとしても、過去は変えられないため、コーピングとしてはうまくいきません。それよりも、情動焦点型コーピングで気持ちを落ち着け、リラックスさせたほうがストレスを減らす効果は高いでしょう。同様に、社会問題のような大きすぎる問題に対しても、情動焦点型コーピングのほうがおすすめです。一方で、「明日の仕事の準備が大変」というようなこれから起こるできごとに対しては、問題解決型コーピングでしっかりと対応するほうがよいでしょう。また、１つの

表1-3　ストレッサーとコーピングの関係とストレス反応の違い

	情動焦点型コーピング	問題解決型コーピング
解決できそうなストレッサー （特に身近なことやこれから起こること）	一時的には効果が期待できるが、解決できる問題を解決しないことで将来的なストレスが生じる	解決によってストレスを小さくすることが期待できる
解決がむずかしそうなストレッサー （特に大きすぎることや過去のこと）	気持ちを楽にすることでストレスを小さくすることが期待できる	解決できればストレスは小さくなるが、解決できない場合にはかえってストレスは大きくなる

コーピングが常に有効であるとは限りません。つまり、いつでもお風呂に入ってリラックスできるわけではないですし、アドバイスを求める友だちが話を聞ける状態にあるわけでもありません。そのため、コーピングは複数のパターンを身につけておいて、状況や場面に合わせて選択できるようにすることが大切です。

　また、あるコーピングがうまくいかなかった場合に、その方法にこだわりすぎずに、別のコーピングを試すことも重要です。状況に応じて、コーピングを柔軟に使用したり、使い分けたりすることで、ストレスへ対処できる可能性も高まります。

チェック ✔

- ☐ ストレスは、ストレッサー、認知的評価、ストレス反応に分けられる。
- ☐ ストレスに対処することをコーピングという。
- ☐ ストレッサー、認知的評価、ストレス反応、コーピングにはそれぞれ種類がある。

③ ストレスは悪いもの？

■「ディストレス」と「ユーストレス」

　ここまで、ストレスを①ストレッサー、②認知的評価、③ストレス反応の3つに分けて説明をしてきました。ここからは、これら全般を「ストレス」ととらえて、ストレスのさまざまな側面について紹介していきたいと思います。

　一般に、ストレスと聞くと何となく悪いものであるような、ネガティブなイメージをもつことが多いと思います。しかし、ストレスは本当に悪いものなのでしょうか。

　実は、ストレスには人に悪い影響を及ぼすものだけではなく、よい影響を及ぼすものもあります。ストレスのなかでも、悪い影響を及ぼすものを「ディストレス」、よい影響を及ぼすものを「ユーストレス」と区別して呼ぶこともあります。

　ディストレスは、一般的にイメージされる「悪いもの」として扱われるストレスで、

重篤化した場合には頭痛や腹痛といった身体の不調や、うつ病や不安症（不安障害）といった精神疾患につながる可能性も出てきます。そのため、特にディストレスとはうまく付き合うこと、うまく対処することが求められます。

　それでは、もう一方のユーストレスとはどのようなものでしょうか。ストレスではあるけれども、自分にとってよい影響を及ぼすストレスについて考えてみてください。たとえば、スポーツ選手のヒーローインタビューで、「みなさんの声援を力に変えてがんばりました！」というコメントを耳にすることがあります。この場合の声援は、「適度なプレッシャー」というストレスではありますが、それが励みとなり、よいパフォーマンスにつながったと理解することができるでしょう。一方で、プレッシャーに押しつぶされて、普段どおりのよいパフォーマンスができなかった、という場合には、この声援はディストレスといえるかもしれません。

　ほかにも、他者の視線はストレスではありますが、適度な緊張感をもって身だしなみを整えることは、社会生活には必要なふるまいであるため、ユーストレスともいえるでしょう。上司からの叱責なども、短期的にはディストレスになる可能性がありますが、長期的に見ると、成長の糧となるユーストレスになる可能性もあります。また、周囲からの言葉かけによって、ディストレスをユーストレスに変換することができる場合もあります。

第1章　ストレスとは

■ 生きていくために必要なストレス

　ストレスを感じることは、生きていくうえで必要な、正常な反応であるという見かたもできます。恐怖や不安を感じた場合に、その場所や状況を避けようとすることで身を守ることができます。仮に、危険な場所でも不安を感じずにそのまま突き進んでしまったら、けがをしたり命を落としてしまったりするかもしれません。

　子どもたちにとっても、不安や恐怖を訴えることは、適切な「助けて！」のサインとなっている場合もあります。もしも不安や恐怖、落ち込みや心配といったサインをよくないもの、ネガティブなものとして子どもたちに伝えてしまい、子どもたちが「不安になるのは悪いこと」「心配なのは自分が弱いから」というような誤った認識をすると、適切なときに適切な援助を求める行動を抑制してしまうことにもなりかねません。

　また、たとえば「お腹が空く」といった日常的に感じるストレスも、生きていくためには必要なものだといえるでしょう。人は、お腹が空くからご飯を食べようとしますし、ご飯を食べることは生きていくうえでの楽しみの一つとも考えられます。「お腹が空く」というストレスを感じることは、「生きていくためにそろそろご飯を食べましょう」と、ストレスがアラートを鳴らしてくれているともとらえられます。仮に、お腹が空くことにストレスを感じなければ、身体がエネルギーを求めていても、それに気づかずに何日も食事をしないで過ごしてしまい、体調を崩してしまうかもしれません。

　以上をふまえると、ストレスを感じることは決して悪いことばかりではなく、生活していくうえで必要な正しいサインという側面もあることがわかります。また、強すぎるストレスは生活や健康を脅かしてしまうことがありますが、すべてのストレスを悪いものととらえる必要はないでしょう。同じように怒りやイライラ、悔しい気持ちを抱くことも悪いことではなく、このような感情が時にはがんばるエネルギーとなることもあります。

　重要なのは、子どものうちから強すぎるストレスを感じたときに適切に対処する方法を身につけておくことです。その結果、大人になってからもストレスに適切に対処することができるようになる可能性が高まります。

■ストレスマネジメント

　ストレスに適切に対処し、コントロールすることをストレスマネジメントといいます。ストレスマネジメントの目的は、ストレス反応を小さくすることだけではなく、ストレスに対して正しい知識をもつこと、ストレスを感じていることに気づけるようになること、そしてストレスとうまく付き合うための対処法を習得することです。

　ストレスマネジメントにおいては、ストレスをなくすことを目標にするのではなく、日常生活を普段どおりに送ることができなくなるくらいにストレスが過剰になったときに、ある程度、日々の生活を送ることができるレベルまでストレスを下げ、行うべき活動に適切に取り組むことができる状態まで回復したり維持したりすることをめざします。

　本書では、さまざまなストレスへの対処法を紹介しますが、すべてを幼児期に身につけなければならないわけではありません。子どもが興味を示した方法、あるいは保育者が実践してみようと思った方法から始めればよいですし、1つか2つのお気に入りの方法に繰り返し取り組むのもよいでしょう。まずは「ストレス」はよくわからない、怖いものではなく、正しく理解することでうまく付き合うことができ、強いストレスを感じても対処することができるものだということを、子どもたちが知ることが大切です。

チェック ✔

- ☐ 人によい影響を及ぼすストレスもある。
- ☐ 人に悪い影響を及ぼすストレスを「ディストレス」、よい影響を及ぼすストレスを「ユーストレス」と呼ぶ。
- ☐ ストレスは、自分の身を守ったり、がんばるエネルギー源になったりすることもある。

第**1**章　ストレスとは

第2章 子どもの行動に着目した「子ども理解」

① 目に見える「行動」に着目して理解する

■「きっかけ」「行動」「結果」の関係

第2章では、子どもの状態を理解するにあたって、目に見えない「心」ではなく、目に見える「行動」に着目し、支援するポイントについて紹介します。

大人も子どもも、常に複数の行動を繰り返しながら生活しています。たとえば「呼吸」は、一生涯続ける行動の一つですし、「いすに座る」「立つ」「話す」「食べる」といった行動も、日々何度も繰り返しています。このような、普段あまり意識せず、あたりまえに行っている行動から、時には、自分自身やまわりの人のストレスを引き起こす悪循環が発生してしまうことがあります。

図2-1 「してほしくない行動」が繰り返される悪循環

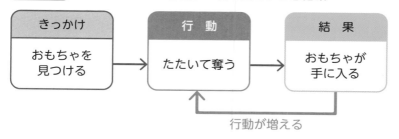

図2-1は、友だちのBくんが持っているおもちゃを使いたいAくんの行動を示しています。Aくんは「Bくんをたたいて、おもちゃを奪う」という行動をとりました。すると、結果的におもちゃを手に入れることができたのでAくんはうれしくなり、「おもちゃがほしいときには、持っているお友だちをたたけばいいんだ」と学習しました。「たたいて奪う」という行動の後に、「おもちゃが手に入る」という、Aくんにとってうれしい結果が得られたために、似たような状況で「相手をたたいてほしいものを手に入

れる」という行動を頻繁に選択するようになってしまうことが予測できます。

　臨床心理学の考えかたの一つである「認知行動療法」では、図2-1のように、気になる状況や支援をしたい場面を、「きっかけ」「行動」「結果」の３つに分けて理解することを基本としています。一瞬で展開されるように見える状況や場面も、ていねいに整理をしていくと、「どんなときに、何をしたら、どうなったか」という関係性があることがわかります。ここでいう「きっかけ」や「結果」は、「行動」の直前や直後（およそ60秒以内）に発生しているものを指します。目の前の子どもの状況について、このような流れで行動の関係性を理解することができます。

　改めて、図2-1に示した状況を考えてみましょう。「たたいて奪う」というAくんの行動は、Aくんにとってはおもちゃが手に入るという、うれしい結果をもたらしています。一方で、Bくんにとってはたたかれたり、おもちゃを奪われたりするという、いやな結果になっています。このように、一方はよい結果が得られて、もう一方はよい結果を得られていない状況は、良好な対人関係とはいえません。また、Aくんについても、「たたいて奪う」という行動の直後には一時的にうれしい結果が得られていますが、長期的に見ると、保育者や保護者に叱られたり、Bくんやほかの友だちに嫌われてしまったりするなど、いやな結果が生じる可能性が高いでしょう。このままでは、Aくんにとってもほかの子どもたちや保育者にとってもストレスを引き起こすことになりかねません。

■ 保育者の「行動」が引き起こす悪循環

　一時的にはよい結果が得られるように見えても、長期的には悪い結果が引き起こされるようなかかわりは、子どもと保育者との間でも起こり得ます。

　「工作でうまくはさみが使えない」「ダンスがなかなか覚えられない」など、子どもたちが成長するなかでは、うまくできなかったり失敗してしまったりするつまずきはつきものです。時には泣き出したり、部屋を飛び出してしまったりすることもあるかもしれません。保育者は、子どもの「泣く」「部屋を飛び出す」という行動を減らしたいと考え、たとえば、「大丈夫？　無理しなくていいんだよ。少し休もうか」と声をかけたと

第 2 章　子どもの行動に着目した「子ども理解」

します。すると、図2-2のように、「やらなくて済む」という、子どもにとってうれしい結果を提示してしまうことになり、泣いたり部屋を飛び出したりすることで、がんばるべき場面を回避する経験が増えてしまうことが予測できます。

図2-2 「してほしくない行動」を増やしてしまう悪循環

きっかけ	行　動	結　果
うまく できないこと	泣く 部屋を飛び出す	やらなくて 済む

行動が増える

　一方で、図2-3のような場面も見られます。

　１つめは、お絵描きや塗り絵をがんばったのに、「もっと上手に描けないの？」と言われてしまい、やる気をなくしてやめてしまうという状況です。保育者は、「ていねいに描けばもっとよくなるよ」というアドバイスのつもりだったのですが、うまく意図が伝わらなかったようです。

　２つめは、保育者にほめてもらおうと思って手伝いをしたのに、ほめてもらえないという状況です。この場合、「私ががんばっても先生はほめてくれない！　がんばるのはやめた！」と子どもは考えてしまうかもしれません。もちろん保育者は、Cちゃんががんばっている様子を理解しており、その調子でがんばってほしいと考えて見守っていたのですが、子どもにはその意図は伝わりませんでした。

　これらの場面における子どもの行動は、いずれもしてほしい行動、増やしたい行動のはずです。しかし、行動の直後に子どもが得る結果（保育者の対応）が子どもにとってうれしいものではないため、してほしいはずの行動が起こりにくくなってしまうことが考えられます。同時に、子どもたちがストレスを感じることにつながる可能性もあります。

　では、どのように対応すればよいのでしょうか。

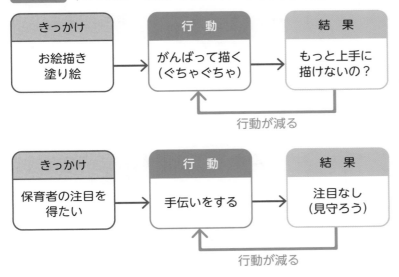

図2-3　「してほしい行動」が起こりにくくなる悪循環

■「してほしい行動」を増やす方法

　「してほしい行動」を増やすためには、まずはしてほしい行動、増やしたい行動の後に子どもにとってうれしい結果を提示する、つまりしっかりとほめることが大切です。

図2-4　「してほしい」行動が増えるよい循環

　一口に「ほめる」といっても、さまざまな意味合いの表現方法があります。たとえば、「えらいね」「すごいね」といった「称賛」のほか、図2-4のように「感謝」を伝えるようなほめかたもあります。また、先ほどの手伝いの例ではうまくいきませんでした

が、「ちゃんとあなたに「注目」しているよ」というメッセージを伝えるほめかたや、「その方法で合っているよ」という「承認」の意味を伝えるほめかたもあります。そのほかにも、「その調子でがんばって！」という「励まし」や、「あなたの考えや方法に賛成しているよ」という「同意」、「いつのまにかそんなことができるようになってびっくり！」という「驚嘆」を伝えるほめかたもあります。子どもの望ましい行動に対しては、意図をもってしっかりとほめることが重要となります。

　加えて、「してほしい行動」を引き出すためには、行動の「きっかけ」を積極的に提示することも大切です。図2-4のように、保育者の声かけというきっかけの提示によって、してほしい行動が出現した場合でも、しっかりとほめることによって、その行動は起こりやすくなりますし、次第に保育者の声かけがなくても、行動できるようになることが期待できます。
　このように、子どもの「行動」に着目して支援をするためには、行動の「きっかけ」と行動の「結果」に着目することがポイントになります。特に、してほしい行動」を増やすには、行動の「きっかけ」の意図的な提示と、行動の「結果」としてのうれしいことの提示が有効です。一方で、「してほしくない行動」を減らすには、行動の「きっかけ」をなくすことと、行動の「結果」としてうれしいことを提示しないことが有効です。

これらの方法により、子どもがストレスを感じやすい場面を減らしたり、反対に楽しく活動する場面を増やしたりすることも可能になります。

チェック✔

□ 気になる状況は、「きっかけ」「行動」「結果」の３つに分けて理解する。
□ 状況を「きっかけ」「行動」「結果」に分けて整理することで、支援の選択肢が増える。

② 子どもの行動の「目的」を探る

■ １つの行動についてさまざまな目的を想定する

　気になる状況について、「きっかけ」「行動」「結果」、つまり「どんなときに、何をしたら、どうなったか」という関係に着目すると、子どもの行動の目的を探ることができます。実は、行動にはさまざまな目的があり、なかにはストレスと関連する行動が潜んでいる可能性もあります。

　園での工作の活動中に、急に席を立った子どもがいたとします。このときの「席を立つ」という行動の目的は何でしょうか。もし、「もういやだ！」と言いながら画用紙をぐしゃっと丸めて、部屋から出ようとしたとすれば、この場合の離席の目的は、うまくできないというストレスを感じて、工作をやめようとしたためと予測できます。一方で、大好きな先生が廊下を通るのを見つけて立ち上がり、その先生に駆け寄って行ったとすれば、この場合の離席の目的は大好きな先生に近づくためと予測できます。また、退屈そうに足をぶらぶらさせた後に、「ぷっぷくぷ〜」と言いながら教室を走り回り、ほかの子どもたちからは笑われ、保育者からは鬼ごっこのように追いかけられて、子どもが楽しんでいるような様子が見られれば、活動に飽きてしまい、先生やほかの子どもから注目を得るためと予測できます。さらに、活動のなかで、その子どもの苦手なはさみを使わなければならなくなったときに離席したのであれば、いやなことから逃げた

かったためと考えられるでしょう。

　ほかに気になる場面の例として、友だちをたたく行動には、ストレスを発散させるという目的がある場合もあれば、たたいておもちゃを手に入れるなど、物を獲得するという目的がある場合もあります。

■「してほしくない行動」の「代替行動」を設定する

　行動の目的を理解することは、してほしくない行動の代わりとなる「してほしい行動」を設定するために役に立ちます。代わりの行動を設定する際には、図2-5のように整理するとわかりやすいでしょう。

　まずは、気になる状況を「きっかけ」「行動」「結果」に分けて整理します。きっかけと結果の部分が「仮説」となっているのは、子どもがどのように考えて行動したかというのはあくまで推測でしかないからです。「行動」は、目で見て確認できる事実なので、「仮説」ではありません。

　図2-5を見ると、お絵描きの時間に、作業内容がわからなくなったので、前の席の友だちの背中をつんつんとつついて遊んでいたら、友だちから「やめて」と言われ、その反応が楽しくて、つつくことを繰り返していたら、保育者から「どうしたの？」と声をかけられた、という様子がうかがえます。そして、同様のことが何回か繰り返されるこ

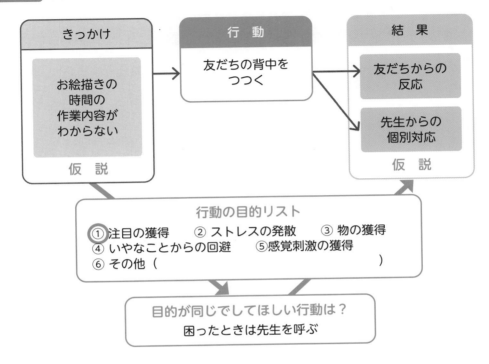

図2-5　「してほしくない行動」の代わりに「してほしい行動」を設定する

とで、保育者にとって「気になる状況」になっていると考えられます。このときに、特に「結果」に着目すると、友だちや先生から注目されることがうれしくて友だちの背中をつついているのではないか、という行動の目的を推測することができます。目的がわかれば、同じようなきっかけがある場面で、保育者や友だちからの注目を得るという目的が達成できて、かつ友だちの背中をつつく代わりにしてほしい行動は何かと考えることができます。そして「困ったときは先生を呼ぶ」という代わりの行動を設定することができます。

　仮に、イライラしたときに友だちの背中をつついているのだとすると、そのときの行動の目的はストレスの発散であると予測できます。その場合は、ストレスを発散させることができて、友だちの背中をつつくよりも「してほしい行動」、たとえば深呼吸をする、伸びをしてリラックスする、ほかの好きな課題に取り組む、といった代わりの行動

第2章　子どもの行動に着目した「子ども理解」

を設定することが有効です。

　このように、行動の目的を理解することで、ストレス場面を減らすだけではなく、してほしい行動を引き出すことにもつながります。してほしくない行動が繰り返され、対応に困った場合には、「きっかけ」「行動」「結果」に着目しながら整理してみると、どのように対応すればよいのかが見えてきます。

チェック✔

□ 「きっかけ」「行動」「結果」に着目すると、行動の目的を探ることができる！

□ 行動の目的がわかると、同じ目的が達成できて、より望ましい代わりの行動を設定することができる！

③ 「してほしい行動」と「してほしくない行動」の関係

　保育者を困らせること（してほしくない行動）ばかりしているように見える子どもたちでも、実際には「してほしい行動」もたくさんしています。「毎日、園に来る」「トイレに行く」「手を洗う」「お茶を飲む」といった行動は、どれも「してほしい行動」ではないでしょうか。入園当初はままならなかったこれらの行動も、いつのまにかできるようになっています。

　とはいえ、集団生活において、ある子どもの「してほしくない行動」が、ほかの子どもにとってストレスの原因となっていれば、その行動は減らしたいものです。そこで、「してほしい行動」と「してほしくない行動」の関係に着目しながら、「してほしくない行動」を減らす方法について考えてみましょう。

■「してほしくない行動」にはたらきかける

　図2-6は、１日の園生活における活動時間（仮に４時間とします）のなかで、たとえば友だちと仲よく遊ぶ、工作に取り組むといった「してほしい行動」を半分程度、友だちのおもちゃを無理やり取る、工作中にはさみを投げてしまうといった「してほしくない行動」を半分程度行っている子どもの状況を表しています。

図2-6　「してほしい行動」と「してほしくない行動」の関係

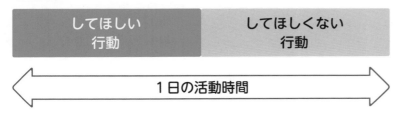

　保育者は、「「してほしくない行動」をなくしたい」と考えて、その子どもの「してほしくない行動」が見られたら、「やめなさい」「ダメでしょ！」と注意することにしました。すると、図2-7のように、「してほしくない行動」が減ってきました。

図2-7　「してほしくない行動」に対して注意をした結果

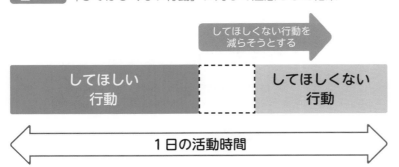

　もともと２時間ほど観察されていた「してほしくない行動」は、１時間40分に減りましたが、この差である20分間には、どのような行動が観察されるでしょうか。もしかしたら、「先生に叱られちゃった。次は、ほめられるように工作をがんばるぞ！」と、

「してほしい行動」が20分間増えるかもしれません。しかし、「先生に叱られて、むしゃくしゃするなあ。お友だちの工作を壊しちゃえ」と、最初とは別の「してほしくない行動」を20分間してしまう可能性もあります。つまり、「してほしくない行動」が20分間減ったとしても、その分「してほしい行動」をするのか「してほしくない行動」をするのかは子ども次第ということです。

　そして、さらに「してほしくない行動」を減らすために、叱ったり注意したり、制止したりすると、「あの先生は怖いからきらい」などと保育者に対するネガティブな感情を引き起こしてしまいます。そうなってしまうと、ほかの場面でほめたとしても、子どもはほめられていると認識しにくくなったり、遊びに誘っても避けられたりするリスクが生まれます。

■「してほしい行動」にはたらきかける

　今度は「してほしい行動」に注目してみましょう。図2-8は、「いいね、いいね、その調子！」「がんばっているね。すごい！」など、「してほしい行動」を増やすようにはたらきかけた結果です。ほめることを中心としたかかわりをすると、「この先生はほめてくれるから好き」「もっとがんばろう！」という気持ちが子どもに芽生えやすくなり、「お手伝いしてくれる？」という声かけや「一緒に遊ぼう」といった誘いにも反応しやすくなります。そして、肝心の子どもの行動は、「してほしい行動」が、2時間から2時間20分に増えました。つまり、「してほしくない行動」には一切はたらきかけていな

図2-8　「してほしい行動」に対して「がんばっているね」とほめた結果

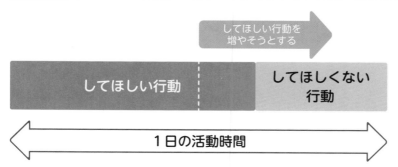

してほしい行動を
増やそうとする

| してほしい行動 | してほしくない行動 |

1日の活動時間

いにもかかわらず、相対的に「してほしくない行動」が減っているのです。このように、「してほしくない行動」に直接対応しなくても、「してほしい行動」を伸ばすようにはたらきかけることで、保育者にとっても子どもにとっても、ストレスの低い状態を引き出すことができます。

■ 相対的に「してほしくない行動」を減らす実践のポイント

　子どもの「してほしい行動」に注目し、相対的に「してほしくない行動」を減らしていくためには、「してほしい行動」を保育者の間で共有することがポイントです。

　子どもへのかかわりについて、園で検討する際には、どうしても「してほしくない行動」についての情報共有が中心となりがちです。「してほしくない行動」の「きっかけ」を減らしたり、対応を統一したりするためには、「してほしくない行動」についての情報共有も大切ですが、それと同じくらい、「してほしい行動」の情報共有が重要です。というのも、その子どもについて、どの行動をほめるか、伸ばしていくか、という考えかたは、保育者の間でも意見が分かれることが少なくないからです。特に幼児期の子どもは、一人ひとりできることにばらつきがあるため、ていねいに共有する必要があります。また、園では複数の保育者で一人の子どもにかかわることも多いため、すべての保育者の間で、その子どものどの行動をほめて、伸ばしていくのかを具体的な行動として共有できるとよいでしょう。

表2-1　「してほしくない行動」と「してほしい行動」のリスト（例）

してほしくない行動	してほしい行動
友だちとケンカをしたときに「ごめんなさい」と言えずに保育者をたたく	物をもらったときに「ありがとう」と言える
友だちの持っているおもちゃを何も言わずに取る	機嫌がいいときに「遊ぼう」と言える
保育者が目を離すとはさみを投げる	保育者と一緒であれば、はさみで紙を切ることができる
手づかみでごはんを食べる	フォークに食べ物を刺すことができる

実際には、表2-1のように、「してほしくない行動」と対応させて「してほしい行動」を整理してみるとよいでしょう。「〜はできないけれど、〜はできる」「〜してしまうこともあるけれど、〜は得意だ」といったように、どのようなときに、どのような「してほしい行動」が確認できるか、保育者同士で確認しながら整理していくとスムーズです。特に、複数の保育者で検討する場合には、全員が同じ行動をイメージできているか、具体的な行動を示す表現になっているかを確認しながらリストを作成することが大切です。

■「してほしい行動」を共有する３つのメリット

　「してほしい行動」が明確になり、具体的に共有できるようになると、次のようなメリットが生まれます。１つめは、「してほしくない行動が起きやすい状況」を「してほしい行動が起きやすい状況」に変えることができるということです。たとえば、「AくんとBくんがとなり同士になると、おしゃべりばかりして工作に取り組めない」といった状況があったとします。ここでAくんとBくんを注意することも選択肢の一つですが、それよりも、「Aくんが比較的集中して課題に取り組めているのはどの席に座ったときかな」と考えてみると、「Cくんのとなりの席だと、Cくんがいろいろと教えてくれて工作をがんばることができる」とか、「保育者がそばでたくさん声をかけると、モチベーションを高く保つことができる」といった状況が見えてくるかもしれません。このように、実際の様子を観察し、「してほしくない行動を減らす」だけではなく、「してほしい行動を増やす」という視点をもつと、子どもたちの「できた！」「がんばった！」という経験を引き出しやすくなり、自信がついたり満足感が高まったりして、ストレスを感じにくくすることも期待できます。

　「してほしい行動が起こりやすい状況」を積極的に設定することは、子どもがほめられる機会を増やしたり、子どもがストレスを感じる場面を減らしたりすることに有効です。具体的には、子どもの「してほしい行動」を引き出すために、子どもに対して直接的にかかわるのではなく、子どもの「してほしい行動」の「きっかけ」を多く提示したり、「してほしい行動」を引き出すための場所や物、周囲の人などを整えたりすること

です。先の事例のように、座る席を変えてみるほかに、子どもが力を発揮しやすい手伝いを頼む、仲よく遊びやすい遊びかたを提案するといった例があげられます。

　2つめのメリットは、してほしい行動を身につけたときと同じ方法が、ほかの課題にも応用できるということです。たとえば、表2-1の例のように、友だちの持っているおもちゃがほしいときに「かして」と言うことはできないけれど、「遊ぼう」と言うことはできるという子どもがいたとします。このときに、どのようにして「遊ぼう」と言えるようになったのかを確認することで、「かして」も言えるようになるヒントが得られる可能性があります。たとえば、友だちの輪に入れなかったが、保育者と練習することで「遊ぼう」と言えるようになった、ということがわかれば、今回も保育者と一緒に「かして」と言う練習をすることが有効かもしれないと予測できます。

　ただし、少し注意すべき点もあります。「遊ぼう」と言って「いいよ」という反応が返ってくれば定着しやすいのですが、実際に子どもたちの間で起こりやすい状況として、「かして」とお願いしても「やだよ」とか「あとで」などと、自分の要求を受け入れてもらえないような反応が返ってくることも多く、「頼んでもしょうがない」という学習をしてしまう可能性があります。したがって、まずは保育者との間で「かして」と言う練習を行うとよいでしょう。子どもから「かして」という要求があったら、必ず「いいよ」と貸してあげることで、「きちんと頼めば貸してもらえる」という経験を積む

ことが大事です。「かして」と言えるようになってから改めて、「やだよ」と断られた場合の対応について学習していくとよいでしょう。

最後に、3つめのメリットとして、図2-8で説明したとおり、してほしい行動に着目して対応すると、子どもとの関係が良好になりやすいということがあります。日常のなかで、ほめることを中心としたコミュニケーションを基本とすることは、子どもと保育者のストレスの低減につながります。

子どものよい行動（してほしい行動）を引き出し、適切にフィードバックをする（ほめる）ことは、子どものストレスのレベルを下げるだけではなく、子どもの自信を引き出し、園で活動することへのモチベーションを高める効果もあります。まずは「してほしい行動は何か」を確認することから始めてみてください。

チェック ✔

☐ 子どもの「してほしい行動」を増やすかかわりをしていくと、結果的に「してほしくない行動」を減らすことにつながる。

☐ 子ども一人ひとりについて、どのような行動が「してほしい行動」にあてはまるか、保育者の間で具体的に共有しておくことが大切。

1　子どものストレス

■子どももストレスを感じるの？

　大人は、仕事、家事、育児など、日々さまざまな活動を通して多くのストレスを感じています。では、子どもはどうでしょうか。子どももストレスを感じるのでしょうか。

　1990年代ごろまでは、「子どもはストレスを感じることはない」と考えられていました。しかし、不登校に代表されるような、心理的ストレスに関連する行動上の問題に加え、大規模災害や未成年による事件が発生するなどの事態を通して、子どもたちの抱えるストレスに目が向けられるようになりました。実際には、赤ちゃんもお腹が空いたり、保護者が離れてしまったり、オムツが汚れて不快だったりしたときには、泣くことでストレスを感じていることをアピールしますし、保育所、幼稚園、認定こども園等では、順番を待ったり、ゆずったりと、相手の気持ちを考えて行動するような小さなストレスを感じる場面を通じて、他者と共同で行動することを学んでいます。

■ 園生活でのストレス

　幼児期の子どもは、生まれ月や兄弟姉妹の有無などが影響して、特に人とのかかわりにおけるストレスに対する経験値には差があることが予測されます。そのなかで、対人関係スキルの高い子どもの行動を見て、あまり経験のなかった子どもがまねをして学習したり、保育者がうながすことによって、新しい場面での対処法を学んだりする機会がどんどん増えていきます。ここで「できない…」と気づくことは、子どもにとって相応のストレスを感じさせますが、同時に「できるようになりたい」「がんばりたい」という気持ちも抱くことができ、「できた！」という経験を得ることができると、自信にもつながります。すなわち、ここでのストレスは成長へのエネルギーと考えることもできるでしょう。

　このように考えると、子どもがストレスを感じないように、ストレスに直面しないようにと、大人が過度に配慮することは適切とはいえません。第1章の3（p8参照）でも紹介したようなストレスのよい側面を考えると、ストレスとうまく付き合うという視点は、子どもにとっても必要なものだといえるでしょう。もちろん、強すぎるストレスは、心を大きく傷つけてしまう可能性がありますし、大人にとってはささいなことでも、子どもは過度に深刻にとらえてしまう場合があるため、注意が必要です。

■ 調子の「波」を整える

　ストレスレベルが高くなったり、低くなったりするなどの調子の「波」は誰にでもあります。大人も子どもも、あるいは一流のスポーツ選手でも、スランプと呼ばれる「波」を経験しています。ただし、この「波」には、個人差もあります。多くの人の調子の波が、図3-1のグレーの線だとすると、子どもや調子を崩しやすい人の波はピンクの線として表すことができます。ピンクの波は、グレーの波に比べて振れ幅が大きく、また上下する間隔が短いのが特徴です。

　調子を崩しやすい人の特徴としては、比較的調子のよいときにがんばりすぎてエネルギーがなくなってしまい、ガクッと調子を崩したり、調子が悪いときにあきらめてダラダラと休みすぎてしまい、調子を回復させる兆しをつかめなかったりするという点があ

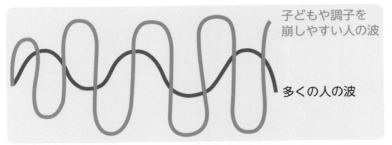

図3-1　調子の波

子どもや調子を
崩しやすい人の波

多くの人の波

資料：林剛丞・江川純・染矢俊幸「ストレス関連障害を示す発達障害」『ストレス科学研究』
　　　30巻、2015年を参考に作成

げられます。子どもの場合にも、たとえば苦手な活動があるからと園を休んでしまうと、その日1日だけ休むつもりが、ずるずると休みが増えてしまう、ということは起こり得るでしょう。長期休みや連休明けなどに、どの程度がんばればよいかペースがつかめず、疲れて午後の活動に取り組めなかったり、予定外にお昼寝をしてしまったりする子どももいるでしょう。楽しい活動に対して張り切りすぎてしまい、活動終了の時間までもたない子どもや、熱を出してしまう子ども、苦手な課題もいやと言えずにがまんしすぎて、突然泣き出してしまう子どももいると思います。

　このような事態を避けるためには、保育者が積極的に声をかけて、子どものがんばる程度をコントロールすることが必要です。子どもはなかなか自分のストレスや疲労感に気づくことができないため、保育者が「すごくがんばったね。お茶を飲んで休憩しよう」とか「ここまでできたらはなまるだよ」などと声をかけて、波を整えるサポートをすることが求められます。こうしたかかわりによって、子どもは徐々に自分のストレスに気づくことができるようになっていきます。

② 子どものストレスサインの特徴

　子どもの調子の波を整えるサポートをするためには、まずは子どものストレスサインに気づく必要があります。子どものストレスサインとして代表的なものを、図3-2にま

第**3**章　子どものストレス症状

とめました。注意したいのは、「食欲が落ちた・食欲が増えた」のように、相反するサインとして表れる場合があることです。一定のストレスを抱えることで、眠れなくなる場合もあれば、反対に寝すぎてしまうこともあります。そのほか、「好きなものに興味をもたなくなった」という項目も重要です。興味が変化することは問題ではありませんが、いままで好きだったものに突然興味をもたなくなり、さらにほかの好きそうなものにも興味を示さない、というような状態には注意が必要です。

　また、「イライラしているようになった」「反応が乏しい」などは、もともとの状態に個人差がある観点なので、「変化」をとらえることが大切です。「いままでおとなしかった子どもが、急にイライラして攻撃的になった」とか、「これまでは活発に話ができていたのに、話しかけても反応が少なくなった」など、これまでの様子との差異に気づく必要があります。特に食事や睡眠などの生活面を中心とした項目については、保護者と連携を図り、情報収集を行うことが必要となります。

　このようなストレスサインに周囲が気づかず、対応が遅れ、症状が重篤化した場合には、抜毛や自分の腕を噛むといった自傷行為、脈絡なくほかの子どもをたたいたり押したりするような他害などの行動上の問題が表れることがあります。また、登園しぶりや無気力のような精神的な問題、頭痛や腹痛を頻繁に訴えるような身体的な問題に発展する可能性もあります。このような問題のすべてがストレスに起因するものとはいえませ

図3-2 子どものストレスサインの例

好きなものに興味
をもたなくなった

集中していない
反応が乏しい

食欲が落ちた
食欲が増えた

夜寝ていなさそう
寝つけなさそう

イライラしているように
なった・攻撃的になった

ぼーっとしている
表情に変化がない

ポロポロ涙をこぼす
しくしく泣く

いつもできていたことが
できない・時間がかかる

んが、直接的な原因がストレスではなくても、たまたま体調が悪くて園を休んだとき
に、保護者がいつもより優しかった、テレビが見放題だった、というような過剰にうれ
しい経験をすることで、結果的に登園に関連するストレスを大きく感じるようになるな
ど、ストレスを抱えることによって問題がさらに大きくなる可能性もあるため、注意が
必要です。保育者には、子どものストレスサインに気づき、ストレスに関連する症状が
重篤化する前に対応することが望まれます。

③　子どものストレスサインに気づいたら？

　子どものストレスサインに気づいたら、まずは比較的取り組みやすい、日常生活に近
いところから対応していきます。図3-2に示すストレスサインとして表れる行動ではな
く、「できていること」を子どもと保護者と保育者の間でしっかりと共有し、子どもに
理解できる表現で「できているよ」と伝えることが重要です。そして、調子が悪いなか
でも比較的できているとき（マシなとき）とできていないときを比べてみましょう。比
べる際には「比較的できているとき」と「できていないとき」について、「状況」（一人
のときは？　友だちといるときは？　遊んでいるときは？　登園時は？）、「場面」（家
庭では？　園では？　習いごとでの様子は？）、「感情」（イライラしている、落ち込ん
でいる、明るい、元気）、「身体の状態」（お腹が痛い、頭が痛い）などの観点から比較
し、「比較的できているとき」の状況に近づける工夫をしてみましょう（表3-1）。

　そして特に、「比較的できているとき」についてていねいに分析することが大切です。
暑くてがんばれない、寒くてがんばれない、お腹が空いてがんばれない、食べすぎてし
まってがんばれない…など、「できていないとき」の理由は無数に考えられます。つま
り、「できていないとき」の理由をなくすことは困難です。それよりも、「比較的できた
とき」の理由を蓄積するという視点からかかわってみましょう。子ども自身が「でき
た」理由に気づくことができると、自信をもてるだけではなく、状況、場面、感情、身
体の状態のどれを変えると自分の力を発揮できるか理解することで、将来的には自分の
状況を自分でコントロールできるようになります。

表3-1 「比較的できているとき」と「できていないとき」の比較の例

	比較的できているとき	できていないとき
状況	友だちといるとき	一人でいるとき
場面	園で身体を動かしているとき	園や家庭でお絵描きなど一人で課題に取り組んでいるとき
感情	笑顔を見せる	ぽろぽろ泣き出すことがある
身体の状態	疲れているが元気そう	特に身体的な訴えはない
上記をふまえた対策	できている場面を増やし、できていない場面で適切にサポートするために ・一人で課題に取り組む際には保育者が声をかける ・身体を動かす活動の時間を毎日1回は確保する	

　気持ちが落ち込まないことを目標にしたり、ストレス症状に目を向けすぎたりせず、「できること（あるいは、以前はできていたこと）」をしっかりとできるようにするだけで、当面の問題は解決する可能性が大きいでしょう。

チェック ✔

- ☐ 子どももストレスを感じる。
- ☐ 子どものストレスサインには、「食欲がなくなる場合」と「食べすぎてしまう場合」があるように、相反するサインもある。
- ☐ ストレスサインに気づいたら、身近な「できた！」をたくさん経験できるようにする。

4　強いストレスを示す子どもへの対応

　2〜3歳になると、子どもは自分の欲求を言葉で表現しはじめます。一方で、相手に伝わるような表現ができなかったり、自分の状態を適切に説明できなかったりするため、ストレスを感じて「ヤダ！」と繰り返し言ったり、その場から逃げ出してしまった

りすることがあります。このような様子は、大人からするとわがままを言っているように見え、「イヤイヤ期」と表現されることもあります。時には、自分をたたくなどの自傷行為や、物を投げる、大声で泣く、暴れるなどの「かんしゃく」が見られるかもしれません。

■ かんしゃくを起こすきっかけ

　かんしゃくを起こすきっかけはさまざまで、一概には言えませんが、おおよそ次の3つが想定されます。1つめは、自分のやりたいことが思うようにできないときです。子どもは身体機能が十分に発達していないため、大人や年上の子どもがやっていることをまねしたいけれど、うまく身体を動かすことができないという状況が考えられます。あるいは、もっと遊んでいたいのに、時間の制約などで止められてしまうことがあると思います。そのような場面では、イライラがつのり、かんしゃくを起こしてしまう場合があります。

　2つめは、自分の気持ちをうまく伝えられないときです。子どもは言語を獲得している途中であるため、自分の思いをうまく言葉として伝えられなかったり、自分の思いと

言葉にずれが生じてストレスを感じてしまったりする状況が考えられます。言葉でうまく説明できないために手が出てしまう、ということも起こるでしょう。このように、自分の伝えたいことをうまく表現できないと、かんしゃくを起こしてしまうことにつながります。

　3つめは、怒りなどの感情の表出方法がわからないときです。子どもは、怒りやイライラ、もやもやなどの感情をうまく表現できないことに加え、対処法も獲得できていません。したがって、イライラなどの感情を発散させるために、かんしゃくを起こして表現していると考えられます。怒りという感情自体は悪いものではないのですが、その表出方法を適切に身につけていくことが求められます。

　そのほかには、睡眠不足や運動不足、栄養不足などの生活習慣も影響すると考えられます。しっかりと眠ることができているか、食事が偏りすぎていないかなどを振り返ってみることも有効です。

■ かんしゃくを起こさないための対応

　これらのきっかけ別に、かんしゃくを起こさないための対処法を考えてみましょう。まず、身体能力が十分に備わっていないために、自分のやりたいことが思うようにできない場合には、身体を支えたり、声かけをしたりして、やりたいことができるように補助するとよいでしょう。ただし、補助されることをいやがったり、補助だけではやりたいことが達成できなかったりする場合には、子どもの得意な活動や好きな手伝いを提示して、切り替える力を養うことも有効です。

　活動をやめなければならないときにかんしゃくを起こすような場合には、事前に「あと10回やったら終わりだよ」とか「時計の長い針がいちばん上に来たらお部屋に戻ろうね」などと声かけすることが有効です。同時に、「あと5回だね、上手にできたね。あと4回かな」などと、ほめながらカウントダウンをしたり、「長い針が10にきたね。もうすぐだよ」などと時計に目を向けさせたりするかかわりが効果的です。

　自分の気持ちをうまく伝えられない場合には、保育者が具体的に示してみましょう。たとえば、「うれしい」「悲しい」「怒り」の3つの表情の写真や絵などを提示して、「ど

んな気持ち？」と選んでもらうという方法があります。自分の感情を適切に表現できるようになるには、かんしゃくを起こしている最中ではなく、落ち着いているときに遊びの延長のようにして練習してみることが効果的です。また、うまく言語化できない場合には、「『もっと遊びたいよ』って言いたかったのかな？」と子どもの言いたかったことを代わりに言ったり、「先生と一緒に『かして』って言おうか。せーの、かして」と一緒に言葉を言ったりするなど、子どもの目的を達成させつつ、語彙を増やすような支援も有効です。

　怒りの表出方法が身についていない場合も、子どもが落ち着いているときに練習することが大切です。頻繁にかんしゃくを起こす子どもに対しては、「気持ちを切り替える方法」を身につけるチャンスととらえて、いろいろ試してみるとよいでしょう。たとえば、お茶を飲むことが気持ちの切り替えになる場合もあれば、遊びに誘ってみることが有効な場合もあります。子どもによって、また同じ子どもでも場面や状況によって有効な方法が異なる場合があるので、対処法をたくさん用意しておくとよいでしょう。

■ たたく、蹴る、物を投げるような場合は「ちょっと離れる」

　実際にかんしゃくを起こしてしまったときの対応としては、かんしゃくのきっかけやかんしゃくを起こした場所から少し離れることが有効な場合もあります。具体的には、刺激の少ない場所に移動して、落ち着くまで待つという対処法です。目的は「罰」を与えることではなく、まわりの物や人を守りつつ本人を落ち着かせることなので、押し入れなど暗い場所や怖い場所に閉じ込めることは絶対に行ってはいけません。

　かんしゃくのきっかけから離れて、子どもが少しでも落ち着いたら、すかさず「自分で落ち着くことができたね」などと、しっかりほめましょう。「落ち着いたらほめる」ことが重要なポイントです。ここでほめることをしないと、子どもは放置された、保育者に嫌われたと感じてしまう恐れがあるからです。

　この方法は、物を投げたり、物を壊したり、たたいたり、蹴ったりするような場合におすすめです。かんしゃくをよく起こす子どもには、園の中で「落ち着く場所」を決めておくとよいでしょう。対応の意図を保護者と共有しておくことも大切です。

第 **3** 章　子どものストレス症状

かんしゃく自体は、子どもにとって自己表現の一つなので、決して悪いことではありません。いままで泣くか笑うかしかなかった自己表現の選択肢が増えた、成長の証であるととらえるとよいでしょう。かんしゃくに対して保育者がイライラしたり、厳しく叱ったりすることは逆効果です。自分の意思や感情を表出することを抑え込んでしまう子どもにならないように、保育者はかんしゃくに対して「いますぐに何とかしなければ」とか「自分一人で対応しなければ」などと思い込まないようにしつつ、保育者自身も少し場所を移したり、時間を使って落ち着くまで待ったりするとよいでしょう。

チェック ✔

- ☐ かんしゃくは、成長の過程で見られるものであり、厳しく叱るような対応は逆効果！
- ☐ かんしゃくや怒りを抑えるのではなく、適切な感情表出の方法を身につけるチャンスととらえる。
- ☐ かんしゃくのきっかけに合わせて、対処法を考える。

子どものストレスと認知行動療法に基づく対応

1 子どものストレスの原因

■「急性」のストレッサーと「持続性」のストレッサー

　ストレッサー、つまりストレスの原因の分類については、第1章の2 (p5表1-1参照) で紹介しました。そのうちの心理的ストレッサーに注目してみると、さらに「急性」のストレッサーと「持続性」のストレッサーとに分けることができます。「急性」のストレッサーとは、突然そのストレッサーに直面してしまうもので、比較的軽微な例だと、子どもの場合は「おもちゃを壊してしまった」とか「忘れ物」、大人の場合は「仕事上の小さなミス」などがあてはまります。重篤な例としては、子どもも大人も共通して、「事故や事件の経験」「災害被害」「近しい人の不幸」などがあてはまります。両親の離婚は、子どもにとっては急性のストレッサーとなり得るでしょう。

　一方で、「持続性」のストレッサーとは、日常的に継続して発生するもので、子どもの場合は「友だちとのケンカ」、大人の場合は「仕事の不満」、子どもも大人も共通するものとしては「きょうだいげんか」などが比較的軽微な例としてあげられます。重篤な例としては「重大な病気や虐待」「DV」「貧困」などがあげられます。

■「急性」「持続性」のストレッサーへの対処法

　急性のストレッサーに対しては、軽微なものであれば具体的に対処することが有効ですが、重篤なものの場合には、気持ちが落ち着いたり、モチベーションが回復したりするまでゆっくり休むことも重要です。もし、子どもが急性のストレッサーで、特に重篤なものに遭遇していることがわかった場合には、無理に登園をうながすのではなく、以前の状態に近いところまで回復するのを待つことも大切です。もちろん、子どもに「登園したい」という意志が見られれば登園を受け入れますが、無理しすぎていないか、空元気ではないかなど、しばらくは注意をしながらかかわる必要があります。

持続性のストレッサーに対しては、そのストレッサーに合わせた対処が必要です。そのためには、友だちとのトラブルなど対人関係に起因するものなのか、部屋の中が暑い、寒い、あるいはまわりの声がうるさい、給食で好きな食べ物が出ないなど生活環境に起因するものなのかなど、ストレッサーを整理することが必要です。また、現在直面している問題だけではなく、将来に対する不安を抱くことも少なくありません。特に小学校入学に向けた準備は、子どもにとっても大人にとっても楽しみである一方、大きなストレッサーになることもあるでしょう。

　ストレッサーのタイプに合わせて対応することは、ストレス反応を低減させるためにも有効であり、重要です。ただし、ストレスの原因（ストレッサー）は必ずしも１つとは限らず、複数のストレッサーを同時に経験している場合もありますし、特に子どもの場合は、何がストレッサーなのかがわかっていなかったり、わかっていたとしてもうまく言語化できなかったりすることもあり、特定できないことも少なくありません。また、ストレッサーは基本的に「過去」に発生しているものなので、「いま現在」の対応として解決が不可能なものもあります。したがって、「原因探し」に力を入れすぎず、いま確認できているストレス反応に対処するという視点ももつことがポイントになります。

チェック✔

- □ 心理的なストレッサーには、急性のストレッサーと持続性のストレッサーがある。
- □ ストレスの「原因探し」に力を入れすぎないことも重要。

❷ 認知行動療法に基づくストレスへの対処

■ 認知行動療法とは

　これまでのストレスへの対処は、「ストレス反応をいかに小さくするか」、つまり「ストレス発散」の方法に着目されてきました。しかし近年では、まずは、ある程度の強さのストレッサーに対しておおよそ対応できるようなストレスへの対処法を身につけ、個々のストレッサーに対してすでに身につけた方法をうまく使い分ける、という視点が重視されるようになってきました。その具体的な方法として、対人関係スキルの習得や、認知の多様性（気持ちを楽にする考えかたに気づく力）の獲得、そしてストレス反応を低減するようなリラクセーションなどがあげられます。

　少し専門的な話になりますが、このような具体的な方法をまとめて、理論的な根拠に基づいて体系化したものとして「認知行動療法」があります。認知行動療法の「認知」とは、頭のなかで考えたり思ったりすることを指し、「行動」は文字どおり、普段私たちが行っている行動を指します。この認知や行動は、日常生活を送るうえで、自分やまわりにとってよい影響を及ぼすこともあれば、悪い影響を及ぼすこともあります。認知行動療法は、特に、「認知」や「行動」が悪い影響を及ぼす場面に注目し、よい影響を及ぼすことができるよう、認知や行動、感情、身体、そしてそれらを取り巻く環境にはたらきかけていく考えかたです。

　たとえば、「今日は幼稚園に行きたくない！」と訴える子どもがいたとします。この「訴える」ことは「行動」です。そして、「お歌の時間に上手に歌えなかったら笑われたり、やり直しになったりするかもしれない」というように、頭のなかで考えていることが「認知」です。仮に、この子どもが幼稚園を休んだ場合、一時的には「幼稚園に行かなくて済んだ！」と安心することが予測されます。しかし、夕方になると、また「明日、幼稚園に行かなくちゃいけない。明日もお歌の時間はあるし、お友だちに『昨日なんで休んだの？』って聞かれたらなんて答えよう。どうしよう…」と、結局はストレスを感じてしまう場面が繰り返されます。つまり「幼稚園を休む」という対処法は、一時的にはストレスを低減することに役に立ちましたが、同じような状況でまた繰り返して

図4-1 繰り返されるストレス状況

お歌が上手に
歌えないと
笑われるかも…

ドキドキ

幼稚園に
行きたくない！

やだ！

幼稚園に行かなくて
済んだ！安心。
でも、もやもや…

もやもや

同じような状況で、また、繰り返してしまう

しまうことが予測され、あまり効果的ではなかったと考えられます（図4-1）。

　このような状況に対して、認知行動療法では、効果が期待できて取り組みやすそうな方法をいくつか選択し、子どもが理解できそうかどうかなどを考慮しつつ、支援を展開していきます。たとえば、「認知」に着目し、「気にしてもしょうがない」「笑われてもどうせみんな忘れる」「歌の時間はいやだけれど砂場遊びでお城をつくるのは楽しみだ」などの認知（考え）に気づくことができると、少しストレスを軽くすることができるかもしれません。

　一方で、「行動」に着目すれば、「まだ覚えてないからもう一回教えて」と、先生にお願いする、「お歌は苦手だから、今日はお歌の時間に違うことをしてもいい？」と相談する、「ほかの友だちの歌をよく聞いて覚える」といった新たな行動を獲得することで、不安やストレスへの対処につながる可能性もあるでしょう。

　同様に、「感情」に焦点をあてて、もやもや感を落ち着かせるようなリラクセーションの方法を選択することも効果的です。あるいは、保育者がクラス全体に向けて、あらかじめ「お歌を覚えていなくても大丈夫だよ」「間違えてもみんな笑わないよ」などと

声かけを行うというように、子どもを取り巻く環境にはたらきかける方法もあります。

このように「認知」や「行動」に焦点をあてたはたらきかけは、子どもへの声かけや支援にも有効です。保育者の力を借りながら、子どもたち自身が、自分がどのようなときにどのようなストレスをどの程度感じているのかに気づき、認知や行動に焦点をあてた対処法について考えられるようになることは、その後の子どもの人生で大いに役立つといえるでしょう。「何かもやもやしてるのかな？ どうしたい？」と、代わりの行動を選んで実行することをうながしたり、「どんなこと考えているの？ どんなふうに考えたら気持ちが楽になるかな？」と、認知に着目したりするような声かけが有効な場合もあります。継続的にストレスに対処できるようになるためには、「いやな気持ちだったのに、がんばれたね。すごいね！」と、ストレスに対処したり、対処を試みたりしたことに対して、しっかりとほめながらフィードバックをすることが不可欠です。

■ 子どもと一緒に作戦会議を開く

特に幼児期の子どもの状況を考えると、ストレスへの対処法を身につけていなかったり、対処法を柔軟に使い分けられなかったりするのは当然です。したがって、保育者が主導して、表1-3「ストレッサーとコーピングの関係とストレス反応の違い」(p7参照)を参考にしつつ、直面している問題が「解決できそうな問題かどうか」という視点をもちながら、具体的な対処法を子どもと一緒に考える「作戦会議」を開くとよいでしょう（表4-1）。

「解決できそうな問題」の場合には、具体的な解決の手段を一つひとつの行動レベルで確認できるよう、子どもと一緒に整理していきます。「がんばってごらん」と言うだけでなく、その中身を分解して、いつ、どこで、誰と、どのような行動をとることが「がんばる」ことにつながるのかを子どもが理解できるようにするとよいでしょう。たとえば、「朝」「くつばこのところで」「先生に」「『今日、お歌の練習をしたくない』と言ってみる」ということを子どもが具体的にイメージしながら理解し、実際に行動できるようにうながすことをめざすなどです。

一方で「解決がむずかしそうな問題」の場合は、具体的な「解決」をめざすことがか

えってストレスを大きくしてしまう可能性もあります。気持ちが落ち着いたり、安心できたり、心の元気が回復したりすることが期待できる、その子どもの好きな活動に取り組むための時間や、ゆっくり過ごすことができる場所を確保したりする対応が効果的です。

表4-1　作戦会議の例

解決できそうな問題の場合	解決がむずかしそうな問題の場合
遊びたかったおもちゃが先に使われちゃった…。 →「かして」って言えるか、チャレンジしてみよう！	外で遊びたかったのに雨が降っている…。 →お部屋の中でできる遊びを考えよう！
お友だちとケンカをしちゃった…。 →いつ、どこで、なんて言って仲直りをするか練習しよう！	お友だちと遊ぶ約束をしたのにおうちの人にダメって言われた…。 →園でたくさん遊ぼう！
劇の発表会、緊張するな…。 →リラクセーションの方法で、できそうなものをやってみよう！	劇の発表会で失敗しちゃった…。 →好きなサッカーをして切り替えよう！
楽しい活動をしていたのにお迎えが来ちゃった…。 →ちょっと待っててもらえるか、おうちの人に相談してみよう！	おうちの人のお迎えが遅くて悲しい…。 →お迎えが来るまでの楽しい過ごしかたをたくさん考えよう！

　また、解決策はいくつか用意しておくとよいでしょう。「困ったら先生に相談する」という解決策は、特に園生活では大半の問題の解決に効果的ですが、先生が忙しくて見つからなかったり、先生に相談できない問題が発生したりした場面には、先生に相談できないこと自体がストレッサーとなってしまい、ますますストレス反応も大きくなってしまうからです。１つめの解決策がうまくいかなくても、２つめ、３つめの解決策が選択できるように、日ごろからストレス対処の選択肢を増やすという視点をもつことが大切です。

■ 直接的なアプローチと間接的なアプローチの使い分け

　何らかの問題が発生した場合には、その問題の解決のために、子どもに対して直接、支援をするか、本人を取り巻く「環境」にはたらきかけて間接的に支援するかを検討する必要があります。ここでいう「環境」には、本人を取り巻くすべての要素（たとえば、周囲の子どもや保育者、保護者、園の方針や園の施設環境、地域環境など）が含まれます。本人と環境のどちらにはたらきかけるかの判断基準は、「アプローチしやすいところから」「効果が出やすいところから」が原則となります。その際に考慮したい視点は、即効性が高いのは環境にはたらきかける間接的な支援ですが、長い目で見ると本人に対する直接的なはたらきかけが重要であるということです。

　直接的なアプローチの特徴は、子どもに何かしらのスキルの習得をうながすことで、子ども自身が問題を解決したりストレスに対処したりできるようになることをめざすという点です。したがって、直接的なアプローチでは、子どもが一定の理解度を有することが前提で、スキルを習得するために時間がかかるというむずかしさがあります。ただし、これをきっかけにスキルを習得すれば、家庭や小学校入学以降など、別の場面でも自分の力で問題を解決できるようになることが期待できます。

　一方で、間接的なアプローチは、保育者自身も含めた周囲に対してはたらきかけることが特徴です。したがって、子ども自身の理解度やスキルの獲得の有無には左右されず、特に大人が積極的にかかわることで、早期に問題が解決する可能性が期待できます。たとえば、子どもがストレスを感じないように、おもちゃを複数用意したり、遊ぶ場所を分けたり、子どもが困らないようにヒントやサポートをたくさん出したりするといった方法があてはまります。環境へのはたらきかけは、早期の問題解決が期待できる一方で、家庭や小学校入学以降では同様のサポートが得られる保証はなく、長期的な効果や場面が変わったときの効果が望めない可能性が高いといえます。

　とはいえ、子どものストレスのレベルが非常に高く、すぐにでもストレスレベルを下げる必要があったり、自傷や他害のおそれがあったりする場合には、即効性の高い環境へのアプローチが優先されることもあります。その後、ある程度落ち着いてから、子どもへの直接的なアプローチを提供するという視点も必要です。

第**4**章　子どものストレスと認知行動療法に基づく対応

直接的なはたらきかけ

問題の発生‼

間接的なはたらきかけ

チェック✔

☐ 認知行動療法に基づく支援は、ストレスへの対処だけではなく、日常生活におけるさまざまな場面で活用できる！

☐ 認知行動療法では、直接的なアプローチと間接的なアプローチを使い分け、効果が出やすいアプローチを優先して実行する！

3　ストレスのタイプに応じた子どもへのかかわりの ポイント

■日常生活で経験する「対人関係」のストレス

　人は一人では生きていくことはできません。園や家庭、学校、職場など、さまざまな場で他者とかかわりながら生活していくことが不可欠です。そのためには、お互いが気持ちよく生活するためのルールが必要になりますし、特に対人コミュニケーションでは、ソーシャルスキルと呼ばれる対人関係上のコツを習得することが有効です。幼児期にソーシャルスキルを習得することで、将来的なストレスの低減や適応の促進が期待できます。

表4-2　ソーシャルスキルの例

おはよう	いま、いい？
ありがとう	ありがとう。でも…○○したい
遊ぼう	ちょっと待って
かして	一緒にやろう
ごめんね	手伝って
入れて	教えて
やめて	

　表4-2は、ソーシャルスキルの代表的なもので、第6章で具体的にその習得方法を紹介しています。あいさつなど、すでに子どもたちが習得しているスキルもあるでしょう。これらのスキルは、園や小学校などの集団生活のなかで、あるいは家庭での兄弟姉妹とのかかわりのなかで身につけることができるものです。しかし最近では、一人で遊ぶことが増えて対人交流の機会が減ったり、トラブルが起こらないように大人が配慮しすぎたりして、問題解決の機会を経験しないまま成長してしまう子どももいます。幼児期ではスキルの基本を身につけ、年齢が上がるにつれて少しずつ相手に合わせてスキルを使い分けることができるようになるとよいでしょう。たとえば、幼児期の子どもは「朝、人に会ったらおはようと言う」という大きな枠組みを理解できていればOK

第**4**章　子どものストレスと認知行動療法に基づく対応

です。この枠組みを理解したうえで、「先生には『おはようございます』と言う」「友だちには『おはよう』と言う」と、使い分けができるようになるとよりよいでしょう。

このようなソーシャルスキルを身につけることで、対人関係上のトラブルを回避したり、トラブルが発生しても早い段階で解決できたりする可能性が高くなります。ソーシャルスキルの基本には、相手のほうを見て、相手に聞こえる声の大きさで、相手の近くで言うなど共通している要素も多いです。表4-2の例のなかから、子どもの年齢や理解度をふまえて少しずつ習得できるようにうながします。

■ 日常生活で経験する「生活環境」のストレス

4歳児クラスから5歳児クラスくらいになると、「○○くんのほうが自分よりもお絵描きが上手だな」とか「かけっこで△△ちゃんに負けちゃった」など、少しずつ自分の能力に目が向き、周囲との差を意識しはじめます。また、「早寝・早起き・朝ごはん」と言われるように、この時期に生活習慣を整えることは、子どもの成長にとって重要な要素になります。つまり、自分の能力についての認識や生活習慣が揺らいでしまうと、子どもたちにとっては大きなストレスとなり得るのです。

日本の子どもは、諸外国の子どもに比べて自信をもちにくいことが知られています。子どもたちに自信をもたせるためには、やはり「ほめる」かかわりかたが中心となるでしょう。子どもたちができていることだけではなく、チャレンジしようとしたことにも着目し、仮に失敗したり、ほかの子どもよりもうまくできなかったりしたとしても、そのプロセスに注目して声をかけることが大切です。子どもたちが自信ややる気をもって取り組み続けていけば、徐々に上達する可能性は高いでしょう。逆に、自信ややる気を失ってしまって「もうやらない！」となってしまうと上達は見込めません。保育者は、常にできているところ、よいところを探すような視点で子どもにかかわるとよいでしょう。

たとえば、お絵描きや塗り絵などをしているときに、「はみ出さないで塗りなさい」とか、「リンゴの色は黒じゃないよね？」などと伝えて子どものやる気をそぐよりも、「上手にクレヨン持てたね」「たくさん塗れたね！」「リンゴの色を黒にしたところが、

〇〇ちゃんの工夫したところなのかな？」「上手だね」といったメッセージを伝えてやる気を高めたほうが、結果としてお絵描きに自信や興味をもち、上達も早くなることが期待できます。

　生活習慣については、家庭との連携や協力も不可欠です。ただし、望ましい生活習慣づくりを家庭に強要するようなことは避けましょう。保護者は、仕事やほかの家族とのかかわりなど、保育者からは見えにくいストレスを抱えている可能性もあるため、まずは園でできることから始めていきましょう。具体的には、給食やお弁当の時間に箸の使いかたを教えたり、よく噛んで食べるようにうながしたりすることができるでしょう。活動中に睡眠不足が疑われる様子が見られたら、その子どもが保育者に「ちょっと休んでもいいですか？」と相談できるようにうながしたり、相談を受け入れる環境をつくったりすることも重要です。ある程度園でできる見通しが立ったり、子どもに合った方法が見極められたりしたら、家庭への協力を求めるとよいかもしれません。ここでも、望ましいやりかたにこだわりすぎて、子どもや保護者の自信ややる気をそいでしまわないよう、声かけのしかたに配慮が必要です。

■ 将来に対する不安からくるストレス

　環境の変化は、大人にとっても子どもにとっても、不安が高まる要因であることが知られています。特に「新しい生活」に対しては、期待に胸を膨らませることと、実際に直面する不安を同時に経験しやすいため、がんばりすぎてしまうことで、一気にストレスの影響を受けることも起こり得ます。大人の場合は、これまでの経験をもとに「前にやったようにやれば大丈夫」など、ある程度の対処法を検討することができますが、子どもの場合は十分な経験をしていなかったり、対処法が十分に備わっていなかったりするため、大人よりも不安が高まりやすい可能性があります。また、子どものころから不安が高まりやすい人は、成人後もそれが継続する傾向にあるという報告もあります。したがって、子どものうちから不安への対処法を身につけておくことが大切です。

　特に、小学校入学に向けた準備に目を向けると、この時期の子どもは、文部科学省が主導する「幼保小の架け橋プログラム」などの展開による支援の対象ではあるものの、

第4章　子どものストレスと認知行動療法に基づく対応

特に心理面については十分な支援に至っていない場合もあるでしょう。子どもも保護者も不安を抱きやすい時期であるからこそ、保育者が主導して、園と家庭の連携による支援を展開できるとよいでしょう。ここでは3つの視点に基づいて、不安を中心としたストレスへの対処法を考えていきます。

① 実際に体験してみる

　そもそも不安とは、何だかよくわからないものに対する脳からの「危ないぞ！　注意しろ！」というアラートなので、不安を感じること自体は正常な反応であり、説得されてもなかなかなくなるものではありません。不安を感じたときに、不安から逃げようとすると、不安はますます大きくなるという特徴もあります。一方で、実際に体験してみたら、思ったよりも不安が出てこなかったとか、不安は出てきたけれども徐々に減っていった、という経験は、多くの人がもっているでしょう。

　たとえば就学に向けて不安が大きくなる時期に、「学校ごっこ」として授業の様子を体験したり、ロールプレイで子ども役の保育者が「トイレに行きたくなった」「忘れ物をした」などの問題に遭遇した場面と、その解決までの一連の行動を紹介したりする方法は有効です。一度例を見せてから、子どもにも演じてもらうとより効果的です。また、特に不安の高まりやすい子どもに対しては、学校見学を申し込んだり、通学路を実際に歩いて経験したりすることを保護者に提案してもよいでしょう。

　これらの体験をしている間に、一時的に不安が高まることもあるかもしれませんが、その際に「いやな経験をさせたくない」と中止してしまうと逆効果になる可能性が高いです。また、無理やり体験させることも不安を高めてしまいます。たとえば、学校に行く途中に子どもの足が止まってしまったら、「戻る」でも「進む」でもなく、その場で立ち止まっておしゃべりをしたり、まわりの景色を眺めたりしながら、そのまま時間を過ごすことで、不安は徐々に下がるということを経験できるとよいでしょう。

② 見通しを立てる

　小学校での1日のスケジュールは、園での生活とは大きく異なります。特に、時間での枠組みが強調されることが多いでしょう。学校のホームページなどを活用して、1日の全体的な流れについて写真を見せたり、絵で示したりしながら確認してみることが有効です。ホワイトボードに文字や絵で1日のスケジュールを記載し、園でも1日の流れを把握しながら生活する練習をするのもよいでしょう。

第**4**章　子どものストレスと認知行動療法に基づく対応

③ 困ったときはとにかく先生に相談してみる

　子どもは、自分なりに小学校での生活を想像しているはずです。楽しい想像をすることもあれば、困ったときにどうすればいいのだろうと不安を抱いてしまうことも少なくありません。将来的には、自分で解決する方法をたくさん身につけ、うまく選択して活用できるようになることが理想的です。しかし、小学校の低学年くらいまでは、「困ったときは、誰でもいいから先生に相談してね」など、大きな方針を提示するだけでもよいでしょう。余裕があれば、学校ごっこのなかで「授業中にトイレに行きたくなったらどうするか」「迷子になったらどうするか」など、いくつかのパターンごとに具体的な対処法を確認することも有効です。また、自分で解決できることが理想ではありますが、すべて子どもが解決できるようにしようとすると、かえって保育者や保護者の負担になることもあるため、自分で解決できるようがんばるところと、保育者や保護者の力を借りるところを分けることも大切です。対応については、しっかりと教え込むというよりは、クイズを出すように楽しみながら確認したり教えたりできるとよいでしょう。

　不安は、頭のなかにしまっておこうとするとどんどん大きくなってしまうこともあります。不安な要素を紙に書き出したり、人に話したりすることで、具体的に整理できたり、思っていたほど大きな問題ではないことに気づけたりする可能性もあります。漠然とした不安のままでは対処しにくいですが、それを具体化することで、適切な準備と対処ができるようになります。

■非常時におけるストレス

　自然災害や新型コロナウイルス等の感染症の拡大など、非常事態に見舞われることは決して少なくありません。事件や事故に巻き込まれてしまうことも、残念ながら起こり得るでしょう。予測ができないこともむずかしいところです。このような非常時には、子どもも大人と同様に、さまざまなストレスを抱えることが知られています。

　非常時の子どものストレスサインには、通常とは少し変化して表れるものもあります。特に非常時のストレスサインは、大人からすると一見、妙な行動に思えるかもしれません。特徴的なストレスサインとしては、表4-3のようなものがあります。

表4-3　非常事態におけるストレスサインの例

気持ちに表れるサイン	大人にべったりして離れようとしない、泣く、怒る　など
行動に表れるサイン	「赤ちゃん返り」といわれるような、わがままを言う、幼い言動をする、おもらしをする　など
睡眠に表れるサイン	寝つきが悪い、眠りが浅く夜中に飛び起きる、早すぎる時間に起きる、寝すぎる　など
身体に表れるサイン	腹痛や頭痛を訴える　など
食事に表れるサイン	食べる量が極端に増える、減る　など
遊びに表れるサイン	「津波ごっこ」「地震ごっこ」「感染遊び」のように、起きているできごとを遊びのなかで再現する　など

資料：文部科学省「平成24年度非常災害時の子どもの心のケアに関する調査報告書」2013年を参考に作成

　子どもにこのようなサインが表れたとき、大騒ぎをしたり叱ったりすることは逆効果です。赤ちゃん返りや津波ごっこなどを制止する必要もありません。むしろ、一緒に遊んだりしながら、「かわいい〇〇ちゃん、大丈夫よ。先生のところにおいで」と、ままごとのようにして甘える経験を確保したり、「安全なところまで逃げられたね」という体験を共有したりすることが有効とされています。まずは、園が安心で安全な場所であるということを子どもと一緒に確認できるとよいでしょう。

　特に子どもが不安やストレスを感じている場合には、表4-4のような対応を試みます。対象の子どもだけではなく、クラスや園全体で、子どもも保育者もみんなで取り組んでみるとよいでしょう。好きな音楽をかけるなどの工夫も取り入れつつ、楽しい雰囲気で実践します。

　想定外の非常事態が起こった際には、大人も子どもも不安になります。そのようなときにこそ、保育者がいつもと同じ生活、普段どおりの環境を意識しながら生活することが重要です。子どもへのかかわりかたについては、保育者の間での統一を意識しつつ、家庭への情報共有をはかることも大切です。

第4章　子どものストレスと認知行動療法に基づく対応

表4-4 非常時に特に不安やストレスが高い子どもへの対応例

・子どもがどのようなことに困っているのか、ニーズや心配ごとを確認し共有する。

・安心して落ち着けるよう、手助けをしたり生活する場所を調整したりする。

・子どもができる範囲のちょっとしたお手伝いなどを設定し、しっかりとほめる。

・可能な限り普段の生活習慣を保ち、規則正しい生活をする。

・室内でもストレッチやラジオ体操をするなど身体を動かす。

・子どもが話したいことを聞く。

資料：文部科学省「平成24年度非常災害時の子どもの心のケアに関する調査報告書」2013年を参考に作成

チェック ✔

□ 幼児期にソーシャルスキルの習得をうながすことで、将来的なストレスの低減、適応の促進が期待できる！

□ 通常時に適切なストレスへの対処法を身につけておけば、非常時に感じるストレスを低減できる可能性がある！

STEP 2

ストレスへの対処法を 子どもと一緒に考えよう

子どもがストレスを感じていると気づいたら、どうしたらいいの？　どんなふうに伝えたら、子どもはストレスのことを理解できるの？　STEP 2 では、子どもがストレスとうまく付きあう方法について考えます。STEP 1 で学んだ「認知行動療法」の考えかたに基づいて、園でよく見られるストレス場面ごとにさまざまなストレスへの対処法を紹介します。子どもたちの日常をイメージしながら、どのような方法が有効か考えてみてください。

第 **5** 章 ストレスについて 子どもと一緒に考える

① 子どもと一緒に「ストレス」を理解しよう

　幼児期の子どもでも、テレビや大人の会話などから「ストレス」という言葉を知っている場合もあると思います。子ども自ら「ストレス」という言葉を口にすることもあるかもしれません。しかし、目に見える具体的な物ではなく、抽象的な概念であるストレスについて、正しく理解したり説明したりできるようになるのはおおよそ小学3、4年生くらいからと考えられています。また、幼児期の子どものストレス反応は、イライラしやすくなる、食欲や睡眠時間が増えたり減ったりする、集中力がなくなるなどさまざまです。したがって、幼児期の子どもがストレスという言葉について正しく理解したり、ストレスという言葉を正しく用いたりすることにこだわる必要はないと思います。

　保育者がストレスという概念を扱うときは、「いやな気持ち」と表現することが多いかもしれません。言葉ではなく、子どもに、いやな気持ちを表す絵を描いてもらってそれをストレスとして共有したり、「ストレス」という言葉を用いずに、もやもやする気持ちを「むじゃむじゃくん」、イライラする気持ちを「とげとげさん」などとわかりや

すく表現したりしてもよいでしょう。重要なのは、ストレスを言葉や絵など、子どもと保育者との間で共有できる存在にすることです。

　子どもと保育者の間で、何らかの形でストレスを目に見える形にできたら、そのストレスについて一緒に話をしてみましょう。「むじゃむじゃくんは、おうちと園と、どっちで出やすいかな」「とげとげさんが出てきたときに、どんなことをすると、とげとげさんが小さくなるかな」など、自由に話題にします。子どもがストレスを感じることは悪いことではなく、またストレスそのものも、ネガティブな存在ではないことを理解できるとよいでしょう。「ストレスは怖いものではない」「ストレスは悪いものではない」ということや、「ストレスは減らしたり、時にはなくしたりすることもできる」「ストレスと一緒に生活することもできる」と知ることで、ストレスは得体の知れない、おばけのような存在ではなく、きちんと「扱える」ものであることを、子どもとともに確認できるとよいでしょう。

第
5
章

ストレスについて子どもと一緒に考える

チェック ✔

☐ 幼児期にストレスという言葉を使ったり、正しく理解したりすることにこだわる必要はない。

☐ ストレスを目に見える形にすることで、ストレスは「扱える」ものと認識できる！

② 子どもと一緒にストレスへの対処法を探してみよう

■ 効果的なストレスへの対処法を探す

　ストレスという概念を子どもと共有できたら、次に、そのストレスとうまく付き合うための方法を探していきます。子どもは、大人よりもストレスへの対処法の選択肢が少なく、制限も多いです。たとえば、大人は「ちょっと予算オーバーだけど、自分へのご

ほうびに買っちゃえ！」とほしかった物を購入したり、「少しくらい帰る時間が遅く
なっても連絡しておけば大丈夫かな」と好きなことに没頭したりすることができます
が、子どもはそうはいきません。時間、金銭、行動など、さまざまな制限のなかで、自
分に合った効果的なストレスへの対処法を身につけていくことが必要なのです。

　子どものころに身につけたストレスへの対処法は、大人になってからも有効です。い
やなことがあっても「アニメを観たり、漫画を読んだりすると忘れられる」ということ
は、子どもにも大人にも共通するストレスへの対処法といえるでしょう。同様に、「ス
ポーツで身体を動かすとすっきりする」とか、「困ったことは人に相談して解決する、
アドバイスを求める」なども、子どもと大人に共通するストレスへの対処法です。この
ように、幼児期からストレスへの適切な対処法を身につけておくと、大人になってから
直面するであろう、より大きなストレスに備えておくことができます。

■ ストレスへの対処法を教える

　子どもたちの多くは、ストレスへの対処法をまだ身につけていない「未学習」の状態
であることが想定されます。したがって、ストレスへの対処法を教える必要がありま
す。「こんなふうにやってみたら？」「一緒にやってみよう」などと声をかけながら、子
どもの理解度に合わせ、子どもが普段使う言葉や表現を用いて伝えていきます。直接、
対処法を教えるだけではなく、一緒に考えたり、以前、同様の場面でできていた対処法
を思い出させたりするようなはたらきかけも有効です。「この前、鬼ごっこをしたとき、
楽しかったね？　今日もちょっと元気が出ないから、一緒に鬼ごっこをしようか」とい
うように誘ってみてもよいでしょう。また、「お絵描きするのと、先生のピアノに合わ
せてダンスをするのと、どっちが楽しそう？」といくつかの提案のなかから選んでもら
うことも有効です。大事なのは、子どものストレスを少しでも小さくすることなので、
１つの方法にこだわらず、いくつか試してみるとよいでしょう。

　そのほかにも、「これはできそう？」と確認したり、「先生と同じようにやってごら
ん」とまねしてもらったりする方法でも、対処法の習得をうながすことができます。こ
れらの方法をまずは知ってもらい、実行してみて、いろいろな方法を蓄積し、そして適

切に選択することができるようになることをめざします。ただし、ストレスに対処すること自体が、大人でもむずかしいことですので、「できなくてあたりまえ」「少しでも役に立ったらいいな」くらいの心構えで、焦らずかかわっていきましょう。

　そして、ストレスへの対処法を身につける際に共通して重要なのが、「こんなふうにやってみたら、気持ちよくなったね」などと、適切に対処法を用いるとストレスが低減することを強調して子どもに伝えることです。ストレス対処のために行動した結果に対して、ストレスの低減という子どもにとってうれしい結果がついてくる、という行動と結果の関連性を認識できると、継続してストレスへの対処法を実行することにつながります。「Aちゃんが上手にできたから、気持ちがすーって楽になったんだね」というように、子ども自身が自分の力でストレスに対処できた、と実感できるような声かけも効果的です。「ストレスを感じても自分の力で対処できる」という自信が生まれ、保育者がいなくても、ストレスへの対処法を選択して実行できるようになります。

チェック ✔

- ☐ 子どものころに身につけたストレスへの対処法は、大人になってからも有効！
- ☐ 幼児期からストレスへの適切な対処法を身につけることで、今後、直面するであろうストレスに備えておくことができる！
- ☐ 「適切に対処法を用いるとストレスが低減する」ということを強調して子どもに伝えることが大切！

一人ひとりに合ったストレスへの対処法を試してみよう

■ 子どもに合った方法を見つける手順

　子どもと一緒に「ストレス」について学び、対処法を身につける方法を理解したら、次は、さまざまな対処法のなかから、一人ひとりに合った方法を見つけていくプロセスを考えてみましょう。「この対処法が絶対に有効だ」「すべての子どもにうまくいく」という方法があるとよいのですが、実際には、効果があるかどうかはやってみないとわからないところがあります。だからといって、何でもかんでもやってみればよいかというと、そうでもありません。「やってみたけれどうまくいかない」という経験を何度も重ねてしまうと、子どもが「何をやってもムダだ…」という思いを抱いてしまうことがあるからです。それは避けたいですし、できればすぐにでも効果的な方法を見つけたいものです。

　これまでの研究や実践のなかで、ある程度の傾向は示されています（p4 図1-1参照）。これらを参考にしながら、保育者が園生活のなかで一人ひとりの子どもに合った方法を見つけるためには、①どのような方法が目の前の子どもに合っているのか、②実行できそうかどうか、③実践してみてどうだったか、という3段階の手順で進めていくとよいでしょう（図5-1）。

① どのような方法が目の前の子どもに合っているのか

　ストレスのタイプ別の対処法については第4章で紹介しました。子どもの姿をよく見て、どの方法がいまの状況に合っているのかを検討します。いまの状況に合っているかどうかは、その対処法を獲得することで、その子どもの園生活や学びの質が向上するかどうかで判断します。繰り返しになりますが、「いくつか試してみよう」という気持ちで検討してみてください。

図5-1　子どもに合った対処法を見つける手順

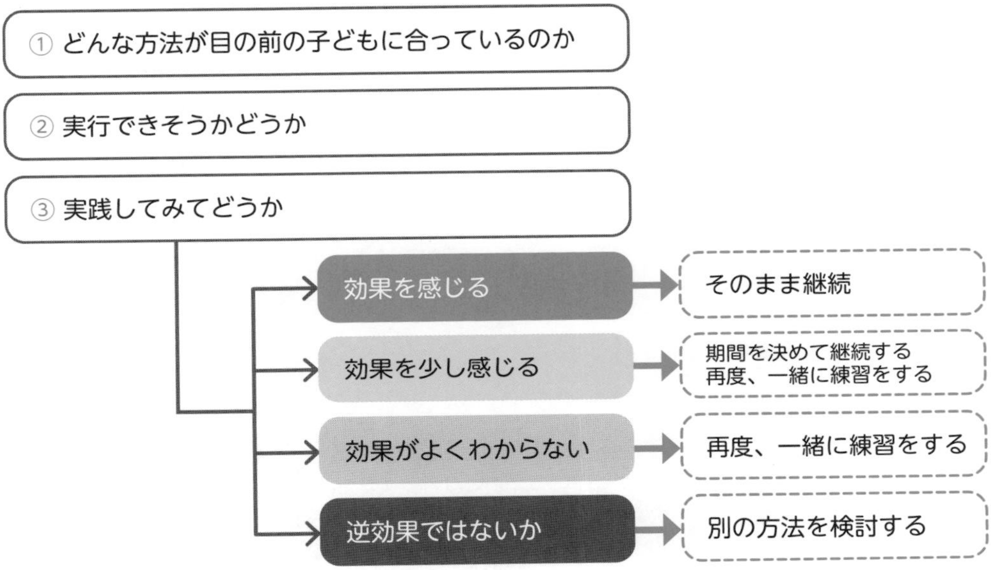

① どんな方法が目の前の子どもに合っているのか

② 実行できそうかどうか

③ 実践してみてどうか

効果を感じる	そのまま継続
効果を少し感じる	期間を決めて継続する 再度、一緒に練習をする
効果がよくわからない	再度、一緒に練習をする
逆効果ではないか	別の方法を検討する

② 実行できそうかどうか

　その子どもが実行できそうな方法で、同時に保育者自身が実行できそうな方法である必要があります。子どもが実行できるかどうかは、子どもの発達の様子や得意・不得意などをふまえ、実際に取り組めるかどうかを考えます。たとえば、身体の使いかたが不器用で、リズム遊びが苦手な子どもに「ダンスをすると気持ちがすっきりするよ」とうながすのは適切ではないかもしれません。

　1つのストレスに対して、いくつかの対処法を取り入れてもよいと思います。たとえば、泣きたい気持ちになったときに「大好きな絵本を読む」という対処法はとても効果的かもしれませんが、外遊びのときにはすぐに絵本を手にとることはむずかしそうです。そのときは「3回ジャンプしてみる」「近くにいる先生に話を聞いてもらう」など、複数の選択肢があるとより安心です。

③ 実践してみてどうだったか

　対処法の選択、実行可能性の検討ができたら、いよいよ実践に移してみましょう。やってみて終わりではなく、効果を検証することがとても重要です。図5-1に示したように、「効果を感じる」「効果を少し感じる」「効果がよくわからない」「逆効果ではないか」など、実践してはじめてわかる結果もあるでしょう。効果は、実践した保育者のほか、その子どもにかかわるほかの保育者など、複数の視点で検証するとよいでしょう。

　最初は、いまの子どもの状況に合った方法が選択できているかどうか、効果があるのかどうかがわかりにくいことがあるかもしれません。そのような場合には、1つの方法にこだわりすぎずに、別の方法を検討してみます。最も避けるべきなのは、合っていない方法にこだわって、1つの方法を継続することです。その子どもに合っていないかもしれない、つまり、効果が見られなかったり、逆効果の可能性が疑われる場合は早めに軌道修正して、より適した方法がないか探っていきましょう。

■ ドッジボールに楽しく参加したいあきらくんへのかかわり

　5歳児のあきらくんのクラスでは、最近、ドッジボールが人気です。担任のともこ先生も、がんばった後のお楽しみには、よくドッジボールを設定します。ある日、ドッジボールをしているとき、外野にいたあきらくんが手を滑らせてボールを相手チームに送ってしまいました。そして、あきらくんのチームで唯一、残っていた友だちが当てられ、負けてしまいました。負けん気の強いリーダー格のみのるくんが「あきらくんがボールを渡したから負けた」とあきらくんを責めました。ともこ先生は、みのるくんに「ドッジボールは負けるときも勝つときもあるけれど楽しいよね。お友だちがいなければドッジボールはできないし、みんなと楽しく遊べるといいよね」と伝え、強く言ったことを謝るようにうながしました。あきらくんはみのるくんに謝ってもらって「うん、いいよ」と言えましたが、次の日からドッジボールの時間になると表情が暗くなったり、「おなかが痛いから見ている」と言ったりするようになりました。

　ともこ先生は、あきらくんは責められたことからドッジボールを敬遠するようになっ

たのではないかと考え、あきらくんに聞いてみました。あきらくんは「ドッジボールは したいけど、ちょっといやな気持ちになる」と話しました。そのため、クラス全体に 「ドッジボールの勝ち負けも大事だけれど、みんなと楽しく遊べることを大事にしよう」 ということを説明しました。また、あきらくんには「ドッジボールを1回やってみて、 やっぱりいやな気持ちになったら、先生に教えて」と伝えました。最初の1週間、あき らくんはともこ先生をチラチラと見ながら参加していました。ともこ先生はこの方法で よいのか不安でしたが、あきらくんがドッジボールに参加できていることを評価し、継 続して見守ることにしました。また、翌週の月曜日には、雰囲気づくりをねらいとし て、改めて「ドッジボールを楽しもう」とクラス全体に伝え、さらに1週間様子を見る ことにしました。その結果、水曜日からあきらくんは先生の顔を見ることが徐々に減 り、以前のように楽しく遊べるようになってきました。

支援の効果をある程度感じた場合には、期間を決めて様子を見る

　子どもに対する支援の効果は、すぐに出る場合もあれば、一定の時間を要する場合も あります。効果が見られている場合は、期間を決めて様子を見るとよいでしょう。効果 が見られているにもかかわらず別の方法を試してしまうと、子どもはどの方法でがんば

ればよいのかわからずに混乱してしまう可能性があります。

　まずは、どのような方法がその子どもに合っているのかを確認します。このエピソードの場合には、ドッジボールをしたときに「楽しく遊ぶことができた」という経験を重ねることが求められます。そのように考えると、１、２回ドッジボールに参加しただけでは判断がむずかしく、一定期間、様子を見ることも求められるでしょう。

　次に、支援において提案した方法を子どもが実行できそうかどうかを確認します。このエピソードの場合には、あきらくんだけを対象とした支援では効果は不十分であることが予測されました。そこで保育者は、支援の対象をクラス全体に広げました。この方法で支援を実施した後には、効果の評価を行うことも大切です。ここでは、「保育者をチラチラ見ることが気になったが、ドッジボールは楽しそうに参加することができた」「ドッジボールをすることには拒否や抵抗を示さなかった」という様子をふまえて、支援の効果が定着するかどうか、継続的に観察することにしました。もし、再び腹痛などの訴えがあれば、ドッジボールではなく、「だるまさんがころんだ」やごっこ遊び、ダンスなど勝ち負けがつかない遊びをクラス全体に提案し、「みんなと楽しく遊べた」という経験を十分に積んでから、改めてドッジボールをするかどうか判断することも必要でしょう。

■ 状況を理解できずに困っているはるちゃんへのかかわり

　はるちゃんは３歳児クラスの女の子です。秋の運動会では保育者の指示がわからない様子が見られましたが、一生懸命友だちのまねをしてがんばりました。運動会が終わってしばらくすると、はるちゃんが立ち止まってきょろきょろする姿が見られるようになりました。特に朝の会や一斉活動の指示をした後が多いようです。まわりを見ても友だちのやっていることがばらばらで、誰のまねをすればよいのかわからないようでした。

　担任のみつお先生は、はるちゃんがいまの状況を理解できておらず、どうすればよいか困っているのではないかと考えました。みつお先生ははるちゃんのそばに行き、「『教えて』って言えばいいんだよ」と伝えました。はるちゃんは、そのときはみつお先生のまねをして「教えて」と言うことができました。先生は、それ以降も同じような場面で

はるちゃんに声をかけ、一緒に「教えて」と言う練習をしました。

　次の日、クラスで歌を歌った後、いすを持って絵本の前に移動するように説明をしたとき、はるちゃんはみつお先生に「教えて」と言いました。先生はうれしくなって、いすを持って絵本の前に移動することをていねいに伝え、一緒にいすを出しました。その日から、はるちゃんは笑顔で先生のところにきて「教えて」と言うようになりました。しかし、その後、はるちゃんに聞いたり、様子を観察したりしても、はるちゃんが何に困っているのかわからない状況が続きました。どうやらはるちゃんは、「教えて」という言葉を保育者にかまってほしいときの合図としてとらえているようでした。そこでみつお先生は、紙芝居を使って、何をするのかわからないときは「教えて」と言うこと、先生と話をしたいときや一緒に遊びたいときは「聞いて」や「遊ぼう」と言うことを伝え、クラスのみんなで練習しました。

効果が見られないと感じたら、別の方法を検討する

　1つの場面で、または一時的には効果が見られた支援でも、ほかの場面や長期的には効果が見られなかったり、逆効果となったりすることもあります。そのような場合でも、焦らずに一つひとつ整理をしながら支援の方向性を検討していきましょう。

　整理の観点は、あきらくんのエピソードの場合と同様です。まずは、どのような方法がその子どもに合っているのか確認します。はるちゃんには一定のコミュニケーション

能力があることがわかっていたため、「教えて」と言えばいいと伝えることが有効であると予測できました。次に、子どもが実行できそうかどうかを確認します。はるちゃんの場合には、練習してみると「教えて」と言うことができたため、有効な支援であると予測できました。しかし、実践後の効果の評価において、「教えて」という言葉を使う場面を適切に理解できていないことがわかりました。そこで「教えて」という言葉を使う場面がわかるように紙芝居を使って練習する、というさらに発展させた支援を展開しました。

　はるちゃんのエピソードのように、1つの場面や状況だけでは支援の効果を適切に評価できない場合もあります。支援を行ったときと似ている場面で同じように対処できているか、できていない場合にはどこにつまずいているのかを確認しながら定着を図ることが求められます。

チェック ✔

- ☐ ストレスへの対処法は、子どもの発達や得意・不得意などに合わせて検討する。
- ☐ 図5-1「子どもに合った対処法を見つける手順」に沿って、よりよい対処法を実行できるように支援する。

④ ストレスと仲よくなるための作戦会議を開こう

　運動会や発表会といったイベント、あるいは小学校入学に向けた準備の時期など、子どもたちはワクワクする一方で、緊張したり不安になったりと少なからずストレスを感じるものです。多くの子どもが共通して感じるストレスに対しては、クラス全体で対処することも有効です。クラスのみんなと一緒に作戦を立てることで、相談したり、友だちの意見を聞いたりする力を育むこともできます。子ども自身が「自分たちで考えたことが役に立った」と思えると、その方法がより一層効果をもたらすこともあります。

　また、ストレスへの対処法は、実行したあとに、自分で「この方法で気持ちが楽になった！」と気づいたり、保育者や保護者から「緊張したけど、よくがんばったね」とほめられたりすることで、その対処法が有効であると認識し、同様の場面で同様の対処法を選択しやすくなります。子どもたちが習得した対処法をほかの機会でも活用できるよう、ほかの保育者や保護者との間でも、どのようにフィードバックするかをあらかじめ確認しておくとよいでしょう。

　クラスでの作戦会議は、朝の会や絵本の時間の前など、子どもが集まっている場面で行うとよいでしょう。また、対象とするストレスのタイプに応じて、保育者がおすすめの対処法をある程度想定し、子どもたちと相談していくとスムーズです。ストレスに関する理解を目的とした場合には、「むじゃむじゃくん」や「とげとげさん」のようなわかりやすい表現を用いたり、キャラクターに置き換えたりすると、子どもたちにもイメージしやすくなります。このストレスをどうやって撃退したり、小さくしたり、少なくしたりするかというアイデアは子どもたちから募ってみてもよいでしょう。話がふくらみすぎて収集がつかなくなってきたら、出てきたアイデアをメモしたり、子どもたちと共有できる方法で残したりして、最終決定は次の時間に繰り越してもよいでしょう。少し時間をおくことで、子どもたちも自分で考えたり、子どもたち同士で話し合ったりする様子が見られるかもしれません。

　作戦会議の成果を朝の会や帰りの会などで定期的に振り返ることで、対処法が定着するだけでなく、作戦会議の方法についても子どもたちが意識することができるようになります。そして、就学以降も、ストレスに直面した場合、自分で作戦会議を行い、対処が可能になることが期待できます。

チェック ✔

☐ 子どもたちが共通して感じるストレスに対しては、クラス全体で「作戦会議」を開いてみる。

☐ 「作戦会議」を経験することで、相談したり、ほかの友だちの意見を聞いたりする力を育むことができる！

5　子どものストレスへの対処法を考える際の留意点

■ 子どもの状況を見極める

　繰り返しになりますが、ストレスは必ずしもなくさなければならないものではありません。また、「作戦会議」という名前から、ストレスと戦って打ち勝つ必要があると考えてしまうかもしれませんが、大事なのは、子どもたちがストレスを過度に恐れず、うまく付き合うことができることを知り、うまく付き合うための方法を理解し、実行できるようになることです。

　その際、特に子どもは、ストレスを減らしたい、ストレスの原因を解決したいといった考えをもっていない場合があるということに注意が必要です。保育者から見て問題に思われる場面があったとしても、子どもが問題意識をもっていない、困っていないのであれば、もしかしたら「うまくストレスと付き合うことができている」ということなのかもしれません。もちろん「いまの状態をどうしたいか」をうまく言語化できない子どもも少なくないため、本当に困っていないのか、それとも困っているけれどもそれを表現できていないのかを確認する必要があります。そのためには、一人で子どものストレスを減らそう、なくそうと努力するのではなく、保護者やほかの保育者の意見も聞いて状況を整理し、子どもの困った状況に対して客観的に理解しながらかかわることが重要です。

■ 支援目標が適切かどうかを見極める

　第6章で紹介するストレスへの対処法は、主に認知行動療法の考えかたに基づいていますが、認知行動療法には、支援する側と支援される側が支援目標を共有し、具体的な問題を解決することに重きをおくという特徴があります。問題を解決する、つまりストレスに対処するためには、対象となる子どもの年齢や理解度を考慮したうえで、目標が適切かどうかを確認しながら支援を進めていくことが重要です。

　たとえば、子どもにとっても大人にとっても、何らかのできごとに対して、泣いたり、怒ったり、悔しがったりすることは日常生活においてあたりまえの反応であり、

「泣いてはいけない」「怒ってはいけない」という目標は、必ずしも適切とはいえないでしょう。また、「困ったときでも何とか自分で解決する」という目標は、課題や状況、子どもの年齢によっては非常にハードルが高いともいえます。このように、「本当にその目標は適切なのか、必要なのか」という視点を常にもちながら、子どものストレスへの対処能力を伸ばしていくことが求められます。

■ 保育者が見守るなかでストレス場面に直面させる

　保育者や保護者の立場として、子どもたちにつらい経験をさせたくない、ストレスを感じさせたくない、と考えることもあると思います。しかし、生涯にわたり、ずっとストレスがない状態を維持するというのは現実的ではありません。むしろ、保育者や保護者が見守るなかで、あえて対処可能なストレス場面に直面し、自分でストレスに対処できたという成功体験や達成感を得ることが大切です。

　子どもたちがつまずいたり転んだりしないようにかかわることは、本当の支援ではありません。子どもたちがつまずいたり転んだりしたときに、きちんと自分の力で立ち上がり、前を向いて再び歩き出せるように、立ち上がりかたや乗り越えかたを身につけさせることが本書のめざすところであり、本書で紹介している対処法のねらいとなります。

チェック✔

☐ 対象となる子どもの年齢や理解度を考慮し、適切な目標設定となっているかを確認しながら支援を進めていく。

☐ 子どものうちに対処可能なストレス場面に直面し、自分でストレスに対処できたという成功体験や達成感を得ることが大切！

第**5**章　ストレスについて子どもと一緒に考える

① 室内遊びの時間に部屋を飛び出してしまう ：ストレスの原因から離れる、休憩する

事例場面

　2歳児クラスのあかりちゃんは外遊びが大好きで、虫探しや砂場遊びがお気に入りです。砂場はほかの友だちが集まっている場所からは離れていて、担任のゆか先生は、あかりちゃんがいつも一人で黙々と遊んでいることが少し気になっています。

　あかりちゃんは、室内遊びの時間になると自分の好きなパズルをした後に、急に友だちをたたいたり、部屋から飛び出したりすることがあります。部屋から飛び出すときはまっしぐらで、ゆか先生に追いかけてほしいわけではないようです。ゆか先生は、あかりちゃんに対して友だちをたたいてはいけないことを伝えたり、部屋での遊びに誘ったりしていますが、状況はなかなか変わりません。

■ 問題の整理

　あかりちゃんはなぜ、友だちをたたいたり、部屋から飛び出したりしてしまうのでしょうか。ここでは、あかりちゃんの心のなかを推測するのではなく、目で見て確認できて、ほかの保育者とも共有できる「行動」に基づいた観察のポイントを整理してみましょう（図6-1）。

　まずは、友だちをたたいたり部屋を飛び出したりする「前」の状況を観察し、行動の理由がいつも同じなのか、その時々で違うのかを確認します。たとえば、「部屋の中にイライラする原因があるのか」「たたかれる友だちはいつも同じ子どもなのか」「部屋の外に楽しそうなものを見つけたのか」などを確認します。

　次に、友だちをたたいたり部屋を飛び出したりした「後」の状況を観察してみましょう。友だちをたたいた後、あかりちゃんはどのような様子でしょうか。「すっきりしているか」「楽しそうか」「イライラしているか」などを確認します。無表情のように見える場合もあるかもしれません。同じように、部屋から飛び出すとき、「先生のほうを見て、追いかけてほしそうな様子か」「ただ外に出たいだけに見えるか」「行きたい場所など目的はありそうか」などにも着目してみましょう。

　2歳児クラスでは、あかりちゃんのような行動をする子どもはよく見られます。3歳児クラスで見られることもあるでしょう。

　友だちをたたいたり、部屋から飛び出したりする行動のすべてではありませんが、このような行動の背景には、感覚的なストレスがある場合があります。たとえば、その子どもにとって「うるさい音」「視界に入るざわざわしたもの」「部屋の温度や湿度」などが感覚的なストレスの要因になり得ます（p5表1-1参照）。感覚的なストレスに対する対処方法としては、ストレス要因から距離をとったり、休息したりすることが効果的です。

　幼児期の子どもに対しては、まずは保育者と一緒にストレスを減らす経験を優先し、子どもの成長に合わせて徐々に自分のストレスに気づくことができるようにサポートするとよいでしょう。具体的には、保育者が「一緒におもちゃを取りに行こう」と、部屋から出てストレスの原因（ストレッサー）から離れたり、「こっちで一緒に遊ぼう」と、

図6-1 あかりちゃんを理解するための観察のポイント

▼ 行動の観察

友だちをたたく理由はいつも同じ？
① 同じ　② 違う

たたいた後の様子は？
③ すっきり　④ 無表情

部屋から飛び出すときの様子は？
⑤ 先生を見る　⑥ とにかく外へ

部屋から飛び出す目的は？
⑦ あり　⑧ なし

▼ 行動の意味を考える

● 友だちに手を出したくてしているのかな？　②④ ➡ No
● 何のために部屋から飛び出すのかな、行きたい場所があるのかな？　⑥⑧ ➡ No
● 部屋の中にいたくないのかな？　⑥ ➡ Yes

部屋の中にいたくない理由がある場合

そういえば、部屋がうるさいときや、室内遊びが長くなったときに多いかな。
部屋の中のガヤガヤした感じにイライラしているのかも！

さまざまな刺激が視野に入りにくい場所や人が少ない場所に誘って休憩したりすること
をうながすという方法があります。

　このような保育者のサポートによってストレスとうまく付き合うことができると、あ
かりちゃんは、友だちのなかで「急にたたいてくる子」と位置づけられてしまうことな
く、あかりちゃん自身も、集団で過ごすことをきらいになったり苦手意識をもったりせ
ずに成長できるでしょう。

■ 実際の対応例

　あかりちゃんがパズルで遊んでいる様子を観察していると、ほかの子どもが大きな声
を出すたびに顔をしかめていることに気づきました。何度か大きな声が出たタイミング
で、あかりちゃんはパズルをやめて大きな声を出した子どものほうに近づいていきまし
た。ゆか先生は、あかりちゃんがその子どもをたたいてしまうと予測し、「あかりちゃ

ん、静かな部屋で一緒にパズルしようか。それとも、お外で虫探しする？」と提案してみました。あかりちゃんは少し表情をくもらせながらしばらく考えていましたが、外を指さすことができたので、ゆか先生はあかりちゃんと一緒に園庭に出て、落ち着くまで遊ぶことにしました。

その後も、あかりちゃんがパズルをしようとするタイミングで、先生は「このお部屋でする？　それともあっちの静かなところでする？」と尋ねるようにしました。その結果、あかりちゃんがイライラする様子を見せることは減り、落ち着いてほかの友だちと楽しく遊ぶ機会も増えました。

チェック✔

- ☐ 子どもの「行動」の意味や意図を推測することが大事！
- ☐ ストレスの原因から離れることも対処方法の一つである。
- ☐ 観察の結果から子どものストレスの原因を推測し、子どもと一緒に対処法を実践してみる。

ミニワーク▶　保育環境を工夫してみよう！

室内遊びのときに、まわりの友だちの動きなどザワザワした環境がストレスの要因になる子どもに対してできる工夫を考えてみましょう。自分の園の保育環境を思い浮かべながら、アイデアを書き出してみましょう。
(例)・壁のほうを向いて遊べるコーナーをつくる
　　・おもちゃの棚で、まわりと区切る　など

第6章　集団のなかで気づく「ストレス場面別」対処法

あいさつのしかたがわからない
：「おはよう」

　たけしくんは３歳児クラスで、入園して数日経ったところです。ある日、楽しそうにお母さんと話しながら登園してきたたけしくんに、園の門の前に立っていた担任のみつお先生が「たけしくん、おはよう！」と声をかけました。しかし、たけしくんは何も言わずに、そのまま教室のほうに走って行ってしまいました。

■ 問題の整理

　「おはよう」に代表されるあいさつのスキルは、生涯にわたって必要となります。「相手に聞こえる声の大きさで話す」「相手の目や顔を見て言う」といった、言葉以外の要素である「ノンバーバル（非言語的）コミュニケーション」を身につける機会にもなります。これらはどのようなコミュニケーションの場面でも共通して、大事なポイントとして取り上げられることが多いでしょう。「おはよう」は、毎日多くの人と交わすあいさつの一つなので、これらの大事なポイントを練習するよい機会になります。

たけしくんの状況を理解する視点としては、次の３つが考えられます。

①あいさつのしかたをまだ学習していない

②何かいやなこと、気になることがあって落ち込んでいるなどの心理的不調を抱えている

③お腹が痛いなどの身体的不調を抱えている

　たけしくんは入園して間もないことから、①の可能性は十分に考えられます。反対に、楽しそうに話しながら登園したり、走って教室に行ったりする様子から、②と③の可能性は低いと考えられます。もしも②や③が予測される場合には、個別に話を聞くなどの対応が必要となるでしょう。

■ 実際の対応例

　たけしくんは、あいさつのしかたがわからないのではないかと考えたみつお先生は、たけしくんにあいさつのしかたを身につけてもらう方法を検討しました。みつお先生は「先生のまねっこをして、『おはよう』って言ってみよう」と伝え、まず、表6-1のポイントをふまえた、あいさつのお手本を見せ、それから一緒に「おはよう」と言う練習をしました。

表6-1　あいさつのポイント

①「相手に聞こえる声の大きさ」
　声の大きさについて、「小さな声」「おしゃべりの声」「大きな声」など、まず保育者がお手本を見せ、子どもにまねをしてもらって練習する。

②「相手の目や顔を見る」
　目や顔を見るのが苦手な子どもには、相手のおでこを見たり、自分と相手のおなかを向き合わせたりするように伝えてみる。

③「笑顔で」
　表情をつくったり理解したりするのが苦手な子どもには後回しでもよいが、笑顔は相手からポジティブなリアクションを返してもらうコツでもあるため、保育者がお手本を見せたり、表情カードを使ったりして、練習するとよい。

練習のなかで、たけしくんが上手に「おはよう」と言えたとき、みつお先生は笑顔で明るい声を意識して、「あいさつを返してくれてありがとう！」と伝えました。さらに、「よく聞こえる声の大きさだったよ！」「かっこいい姿勢で言えたね！」と、よかったところをほめる声かけをしました。

　練習の最後に、みつお先生はたけしくんの理解度を確認するため、「明日の朝、先生に『おはよう』って言われたら、たけしくんはなんて言う？」と聞きました。すると、たけしくんから、「おはようって言う！」と返ってきました。

　翌日、園の門の前に立っていたみつお先生は、たけしくんを見つけて、「たけしくん、おはよう！」と声をかけました。たけしくんは、はじめはピンときていない様子でしたが、みつお先生が「おは…？」とヒントを出すと、たけしくんは「おはよう！」と言うことができました。その後、少しずつヒントを減らしていきましたが、たけしくんは「おはよう」とあいさつができるようになりました。

チェック ✔

- ☐ あいさつは、相手の目を見るなどの「ノンバーバル（非言語的）コミュニケーション」を習得する機会にもなる。
- ☐ 「相手に聞こえる声の大きさ」「相手の目や顔を見る」「笑顔で」というあいさつの３つのポイントは、ほかのスキルにも共通して大事。

ミニワーク ▶ あいさつが返ってこない理由は？

　毎朝、元気よくあいさつをしてくれる子どもがいます。ところが、今朝はあいさつをしても返事が返ってきませんでした。あいさつが返ってこなかった理由としてどのようなものが考えられるでしょうか。自分で考えたり、まわりの保育者と話し合ったりしてみましょう。

3　言葉で気持ちを伝えることが苦手：「ありがとう」

事例場面

　4歳児クラスのそうたくんは、言葉の発達がゆっくりで、自発的な発言が少なめです。相手の言葉を聞いて理解することはできますが、自分から気持ちを伝えることは苦手なようです。そのため、周囲とのコミュニケーションが深まりにくい様子が見られます。

　進級して間もない時期の工作の時間、のりが必要になったので、そうたくんはゆきえ先生のところに来て、「せんせい、のり」と言いました。先生がのりを渡すと、そうたくんは、先生の顔を見ずに受け取り、ぱっと背中を向けて行ってしまいました。4歳児クラスではじめてそうたくんの担任になったゆきえ先生は、そうたくんが何も言わずに行ってしまうことが気になっていました。

■ 問題の整理

　何かをしてもらったときに「ありがとう」と言えると、相手が喜んだり自分がほめられたりする機会が増え、うれしい気持ちや自分に自信をもつことにつながります。子どもが「ありがとう」と言えなかったときに、感謝の気持ちがないから言わないのだと決めつけず、まずは子どもの言語表現の能力を確認しておくことも必要です。そうたくんの場合は、「のり」「はさみ」など、物の名称を言うことができそうです。その一方で、「こんにちは」「ありがとう」「ごめんね」などのコミュニケーションに必要な言葉や「うれしい」「悲しい」などの感情を表す言葉を発することが苦手な様子がうかがえます。このような場合は、「ありがとう」という言葉だけを教えるのではなく、どのような場面で「ありがとう」と言えばよいのかも含めて伝えることが重要です。「ありがとう」などと感謝の気持ちを伝えることは、コミュニケーションを円滑にするためにも必要になります。

　ここでは、まずは先生との物の受け渡しという具体的な場面に限定して「ありがとう」と言えるようになることを目標とし、徐々にほかの人やほかの場面においても活用できることをめざしました。

■ 実際の対応例

　ゆきえ先生は、今月のクラスの目標として「ありがとうを伝えよう」を設定しました。そして、工作の時間に準備ができた人からバラバラに道具を取りに来ていた方法を見直し、先生に呼ばれた順番に道具を取りに来ることにしました。このとき「ありがとう」と伝えられる子どもを先に呼び、後に続く子どもにお手本を見せるようにしました。

　そうたくんの順番が来たとき、先生は「はい、どうぞ」と声をかけた後、そうたくんの言葉をうながすように「『ありがとう』だよ」と伝えました。そうたくんは先生のまねをして「ありがとう」と言うことができました。翌日以降、同じような場面で、先生は「あり…?」とヒントを出したり、「なんて言うんだっけ?」と質問したり、徐々にヒントを減らしながら声をかけました。すると、そうたくんは先生とのやりとりのなか

で「ありがとう」と言えるようになりました。ゆきえ先生は、そうたくんが「ありがとう」と言った際に、「どういたしまして。ありがとうって言ってくれて先生はうれしいよ」と声をかけました。

　後日、グループになって作業をしているとき、同じクラスのあおいくんがそうたくんにクレヨンを貸してくれました。すると、そうたくんは「ありがとう」と言うことができました。あおいくんが「どういたしまして」と笑顔で返すと、そうたくんも笑顔を見せていました。

チェック ✔

- ☐ お手本を見せることで学習できる。
- ☐ 「あり…？」などと、ヒントを用いて言葉をうながす。
- ☐ 人とのかかわりによって得られる「楽しい」「うれしい」などの感情と言葉を結びつけることが大切。

ミニワーク ▶ 　人とよい関係を築くためには？

　人とよい関係を築くためのコミュニケーションに必要な言葉をリストアップしてみましょう。また、気になる子どもが、どの言葉は使えていて、どの言葉はむずかしいのかを考えてみましょう。

4 すぐに友だちをたたいてしまう
：「かして」「遊ぼう」

事例場面

　3歳児クラスのとしはるくんは、普段の生活のなかで、ちょっとしたことで友だちや先生をすぐにたたいてしまいます。担任のみつお先生が「やめようね」と伝えたり、お母さんが「人をたたいちゃダメでしょ！」と叱ったりすると、そのときは反省したような様子を見せるのですが、またすぐにたたいてしまいます。何度言ってもなかなか変化がないので、先生も保護者も困っています。

■ 問題の整理

　注意をすると反省した様子を見せることから、としはるくんは人をたたいてはいけないということを理解できているようです。では、なぜその行動が繰り返されるのでしょうか。それは、「たたくことはいけないとわかったけれど、じゃあどうすればいいの？」という、としはるくんの疑問が解決できていないためだと考えられます。つまり、ここでは「人をたたいてはいけないよ」ということだけではなく、「こうすればいいんだよ」ということを伝えることが重要です。

　では、としはるくんはどのような行動を選択すればよいのでしょうか。言いかえれ

ば、保育者や保護者は、としはるくんにどうすればよいと教えてあげるべきなのでしょうか。そのヒントは第2章の1（p12参照）で紹介した、行動の「きっかけ」と「結果」に着目する考えかたにあります。

図6-2　注目してほしいとしはるくんの行動

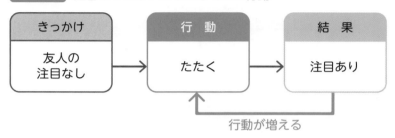

　図6-2では、としはるくんは友だちが自分に注目していないときに、たたくことで友だちの注意を引こうとしているのだと理解できます。このように考えれば、「人をたたく」という行動の目的は「注目してもらうこと」なので、注目を獲得できる、よりよい方法を教えることで、たたく行動は減ると期待できます。具体的には、友だちに「遊ぼう」「入れて」「何してるの？」などと声をかけることができれば、たたかなくても友だちからの反応（注目）が得られ、さらにたたいた場合よりもスムーズに一緒に遊ぶことができ、としはるくんにとってもうれしい結果が増えるでしょう。

　同じ「たたく」という行動でも、別のパターンも考えられます。図6-3では、としはるくんは本がほしくて人をたたいていると理解できます。このように考えれば、としはるくんが身につけるべき行動は、「かして」「一緒に読もう」などと声をかけるという行動になるでしょう。

　あるいは、図6-4のように、イライラしてしまって友だちをたたくという行動をとっている可能性もあります。このような場合には、イライラの原因（ストレッサー）を取り除くという方法も選択肢の一つとなります。また「たたく」こと以外のリラックスの方法を習得することも重要な視点です。リラックスの方法については、第6章の16（p125参照）で詳しく紹介します。

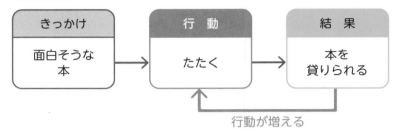

図6-3　本がほしいとしはるくんの行動

きっかけ	行　動	結　果
面白そうな本	たたく	本を貸りられる

行動が増える

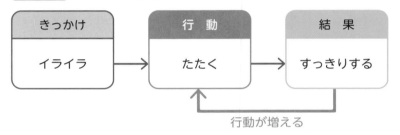

図6-4　イライラを解消したいとしはるくんの行動

きっかけ	行　動	結　果
イライラ	たたく	すっきりする

行動が増える

■ 実際の対応例

　実際にとしはるくんの様子を観察してみると、みんなが遊んでいる輪に入りたいときに友だちをたたくことで注意を引き、怒った友だちと追いかけっこになることでかかわりを楽しんでいることがわかりました。そこでみつお先生は、としはるくんが落ち着いているときに、「お友だちと一緒に遊びたいとき、なんて言えばいいと思う？」と尋ねてみました。としはるくんが「わかんない」と答えたので、先生は「『遊ぼう』って言ってごらん」と伝え、としはるくんと一緒に友だちのところへ行き、としはるくんに「先生と一緒に『遊ぼう』って言うよ」と伝え、「せーの、遊ぼう」と言いました。友だちからは「いいよ」と返ってきたので、すかさず先生は「遊ぼうって言ったら、お友だちと遊べたね。としはるくん、上手に遊ぼうって言えたね。これからも遊ぼうって言えそう？」と確認しました。としはるくんはうれしそうにうなずいていました。

　それからもみつお先生は、としはるくんが友だちと遊びたい様子のときは、「なんて言うんだっけ？」とととしはるくんに「遊ぼう」と言うことを思い出してもらったり、「いまだよ！　お友だちに言ってごらん」と友だちに伝えるタイミングを教えたりしました。その結果としはるくんは、少しずつ、先生のサポートがなくても自分から「遊ぼう」と言えるようになりました。

チェック ✔

- [ ] 「○○しちゃダメだよ」などとしてほしくない行動を注意するよりも「○○すればいいんだよ」としてほしい行動を教えることに重きをおくことが大事！
- [ ] どんな行動を教えればよいかは、子どもの様子を観察することで見えてくる！

ミニワーク ▶ どんな行動を伝えればよい？

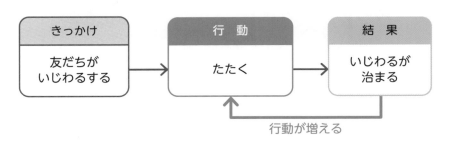

　図のような行動が見られる場合、子どもに教える行動としてどのようなものが考えられるでしょうか。自分で考えたり、まわりの保育者と話し合ったりしてみましょう。

5 仲直りのしかたがわからない
：「ごめんね」

事例場面

　5歳児クラスのゆうやくんとけいくんは仲よしで、いつも一緒に遊んでいます。ところがある日、2人が遊びたいと思ったおもちゃが1つしかなく、ケンカになってしまいました。ゆうやくんはがまんできずにおもちゃを奪い取り、けいくんは何も言えずにあきらめました。そのことが原因で今日はずっと口をきいていないようです。

■ 問題の整理

　ケンカに代表されるような、複数の子どもの間で生じるトラブルには、それぞれの子どもの特徴や理解度に応じた対応が求められます。保育者には「ケンカはしないほうがよい」という意識がはたらきがちですが、ケンカが起こった場合には、子どもと一緒にケンカに至った理由を整理する、相手の気持ちを想像して、ふるまいかたを考える、新しい行動を身につける練習をするなどして解決をめざします。安心できる環境で保育者

のサポートを受けながら、このような一連の流れを経験することは、子どもたちにとってとても大切です。仮にケンカや仲直りの経験が少ないまま成長した場合、大人になってからトラブルや謝罪をしなければならない状況に直面したときにどのようにふるまえばよいかわからず、問題はますます大きくなってしまいます。

　この事例のゆうやくんとけいくんは、普段から一緒に遊ぶ仲のよい関係です。したがって、一緒に遊びたい気持ちがあるものの、どのように仲直りをすればよいかがわからないことが推測されます。このような場合には、「どのような行動を選択すると、どのような結果が得られるか」を子どもが具体的にイメージできるように、いくつか選択肢を示しながら解決の方法を一緒に考える必要があります。

■ 実際の対応例

　5歳児クラスの担任のともこ先生は、ゆうやくんと一緒に、けいくんにどのような言葉をかければよいかを考えました。まず、ゆうやくんと2人だけで話すことができる場所で、「きもちのカード」と「ことばのカード」を用意し、紙に図6-5のような枠を描きました。

　これを使って、どのような言葉をかけることで、いまのけいくんの気持ちがどのように変わるかを、ゆうやくんにわかるように工夫しました。

　ともこ先生はまず、「けいくんのきもち」と「（ゆうやくんがけいくんにかける）ことば」を矢印でつなぎ、枠を描きました。そして、ゆうやくんに「けいくんはいま、どんな気持ちかな？」と確認しながら、1つめの枠に悲しい表情のきもちのカードを置き、3つめの枠に3種類のきもちのカードを置きました。そして、ゆうやくんに「けいくんが、ニコニコ顔になったり、もっと悲しくなったりするのは、ゆうやくんがどんなことを言ったときかな？」と質問し、ことばのカードを選択するようにうながしました。ゆうやくんは「きらいって言ったら、もっと悲しい顔。ごめんねって言ったら、ニコニコ顔」と答えました。そこで先生は、「もし、ゆうやくんが何も言わなかったらどうなるかな？」と聞くと、「んー、変わらないと思う」と答えることができました（図6-6）。

　次にともこ先生は、「けいくんがニコニコ顔になるように、先生と練習してみよう」

図6-5 どのような言葉をかければよいかを考える

けいくんのきもち	ことば	けいくんのきもち

＜きもちのカード＞

＜ことばのカード＞（ひらがなが読めない子どもには保育者が読み上げます）

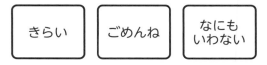

と声をかけ、先生がけいくん役になって、練習をしました。そして、ゆうやくんが「ごめんね」と言えたら先生は「いいよ。仲直りしよう」と笑顔で返事をしました。その後、「じゃあ、けいくんに言いに行こうか」とうながし、先生が見守るなかで、ゆうやくんはけいくんに「ごめんね」と言うことができました。ゆうやくんとけいくんは仲直りをして、また一緒に遊ぶことができました。

　どのような「行動」をするとどのような「結果」になるかを想像することがむずかしい場合には、このように絵や文字のカードを使いながら、行動の前後がわかる図で説明するとよいでしょう。特に、気持ちを言葉で理解したり表現したりすることがむずかしい場合には絵カードの活用が有効です。

　事例では、ともこ先生が仲直りの場面を設定していますが、「いつ（朝、昼、帰りなど）」「どこで（教室、園庭など）」気持ちを伝えるのがよいかなどについて、子ども自身が具体的に考えられるようになることが理想的です。

図6-6　ゆうやくんの選んだカード

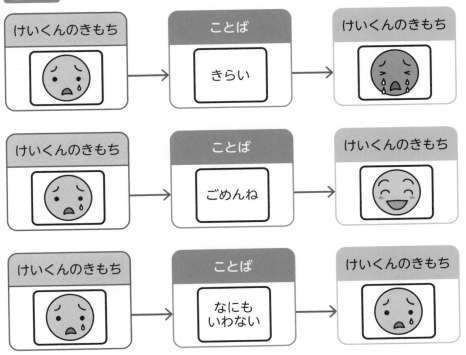

　この場面におけるけいくんへの支援は、第6章の7（p91参照）の対応を参考にすることができます。

チェック ✔

☐ 「謝る気持ちがない」のではなく、「謝りかたがわからない」という視点をもつ。

☐ どのような言葉をかければよいのか、一緒に具体的に考える。

6 友だちを押しのけて好きな遊びをしようとする
：「入れて」

　3歳児クラスのりゅうせいくんは、砂場遊びが大好きです。今日は園庭の砂場で、ほかの友だちがトンネルづくりをしていましたが、砂場で遊びたかったりゅうせいくんは、その遊びの輪のなかに無理やり入っていき、友だちを押しのけてトラブルになってしまいました。みつお先生が間に入って、「はるちゃんが遊んでいたんだから、押しちゃダメだよ」と伝えましたが、あまり反応はありません。それからも、何度か同じことが起きています。

■ 問題の整理

　りゅうせいくんは、何度か注意をしているにもかかわらず、友だちを押しのけて砂場で遊ぼうとしています。「お友だちを押しちゃダメだよ」という声かけだけでは、りゅうせいくんには、砂場で遊びたいけれど、先に友だちがいるときはどうすればよいのかが伝わっていない可能性があります。第2章で紹介した、行動の「きっかけ」や「結

果」に着目する考えかたをヒントにして、りゅうせいくんの行動をどのように理解し、どのように教えればよいのかを整理してみます。

① きっかけに着目する：いつ、誰に「入れて」と言えばよいのかがわからず、声をかけられない場合

　いつ、誰に「入れて」と言えばよいのかわからず、声をかけられない場合は、保育者と一緒に相手のそばに行き、相手の注意が向けられたタイミングで、「いま言ってごらん」などと声をかけ、きっかけをつくってあげるとよいでしょう。鬼ごっこやサッカーなど、広い範囲での遊びの際には、「入れて」と言うタイミングが理解できるように、たとえば鬼が交代するときや、ボールが外に出たときなど、遊びに一区切りがついたタイミングで「入れて」と言うサポートをすると効果的です。

図6-7 「きっかけ」に着目する

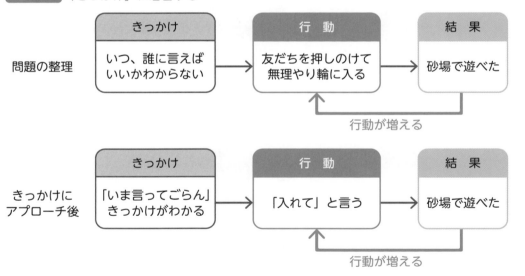

（右側縦書き）第6章　集団のなかで気づく「ストレス場面別」対処法

② 行動に着目する：「入れて」という言葉を知らない、または相手に伝わる声の大きさで言えていない場合

　「入れて」という言葉を知らなかったり、相手に伝わる声の大きさで言えていなかったりすることもあります。本人は言ったつもりでも、相手に伝わっていないと、トラブルの原因になります。まずは保育者と一緒に相手に伝わる声の大きさを確認しましょう。

③ 結果に着目する：相手に「いいよ」と言えるスキルが身についていることを確認する

　本人には、相手が「いいよ」と言ってから遊ぶことを教えましょう。「『入れて』と言いさえすれば、どんなときでも遊べる」と誤った理解をしてしまうと、相手の返事を待たずに遊びに入ってしまい、トラブルになる可能性があります。同時に、受け入れる側が「入れて」と言われたときに、「いいよ」と言えるスキルが身についているか、受け入れる準備ができているかにも目を向けましょう。本人がせっかく「入れて」と言ったのに、「やだ！」と言われてしまい、遊びに入れてもらえなかったとなると、「『入れて』って言っても遊べないなら、言わなくていいや…」と思い、ますます「入れて」と言えなくなってしまいます（図6-8）。

　受け入れる側の子どもの状態も確認しつつ、必要に応じてサポートするとよいでしょう。たとえば、「入れて」と言った後、一緒に相手の返事を待ち、受け入れる側から「いいよ」と返事が返ってきたら、本人と一緒に「ありがとう」と返事をしたり、言った側と受け入れた側の両方の子どもをほめたりします。これによって、「入れて」と言った側は、「上手に『入れて』と言えたら、お友だちと遊べて、先生にもほめられて、よいことがあった」という結果を得ることになります。また、受け入れた側は、「『入れて』と言われて「いいよ」と返したら、お友だちが『ありがとう』って喜んでくれて、先生にもほめられて、よいことがあった」という結果を得ることになります。トラブルを防ぐことに加えて、「入れて」と言った側と、「いいよ」と受け入れた側の両方の行動が増えることが期待できます。

図6-8　結果に着目する

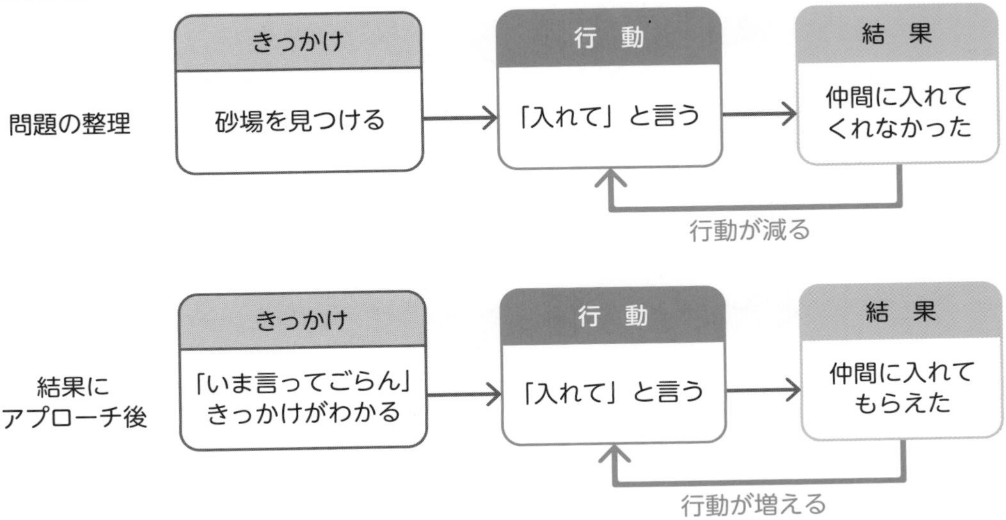

問題の整理

きっかけ	行　動	結　果
砂場を見つける	「入れて」と言う	仲間に入れてくれなかった

行動が減る

結果にアプローチ後

きっかけ	行　動	結　果
「いま言ってごらん」きっかけがわかる	「入れて」と言う	仲間に入れてもらえた

行動が増える

■ 実際の対応例

　自由遊びの時間の前に、みつお先生はりゅうせいくんが落ち着いている様子を確認したうえで、「りゅうせいくんが砂場で遊びたいときに、ほかのお友だちが砂場で遊んでいたら、なんて言う？」と尋ねてみました。りゅうせいくんは「わからない」という反応だったので、「『入れて』って言ってごらん」と伝えました。そして自由遊びの時間になると、りゅうせいくんと一緒に砂遊びをしている友だちのところへ行き、りゅうせいくんに「先生と一緒に『入れて』って言うよ。せーの、入れて」と言いました。友だちからは「いいよ」という反応が返ってきたので、すかさずみつお先生は「入れてって言ったら、お友だちと遊べたね。りゅうせいくん、上手に入れてって言えたね。これからも入れてって言えるかな？」と確認しました。りゅうせいくんはうれしそうにうなずいていました。

　その後もみつお先生は、りゅうせいくんが友だちと遊びたそうな様子のときには、「りゅうせいくん、なんて言うんだっけ？」「りゅうせいくん、いまだよ！　お友だちに言ってごらん」と、りゅうせいくんに「入れて」と言うことを思い出してもらったり、

言うタイミングを教えたりしました。その結果、りゅうせいくんは、徐々に先生のサポートがなくても、自分から「入れて」と言えるようになりました。

チェック ✔

☐ 「してほしい行動」を増やすアプローチがあるか、「きっかけ」と「結果」にも目を向けてみる。

☐ 「入れて」と言えたときに受け入れてもらえるよう、ほかの子どもの状態や周囲の環境を整えておくことも大切！

ミニワーク ▶ 「入れて」と言ったのに「今度ね」と断られてしまったら？

　「入れて」と言っても、まわりの子どもたちが、いつも「いいよ」と受け入れてくれるとは限りません。「入れて」と言ったのに「今度ね」と断られてしまった子どもに対して、保育者はどのようにかかわることができるでしょうか。また、「今度ね」と断った子どもに対しては、どのようにかかわることができるでしょうか。自分で考えたり、まわりの保育者と話し合ったりしてみましょう。

**いやなことがあると相手をたたいてしまう
：「やめて」**

- -

第
6
章

集団のなかで気づく「ストレス場面別」対処法

事例場面

　4歳児クラスのかいとくんは、パトカーのおもちゃが大好きです。友だちや先生には穏やかに接することが多く、家庭からも特に目立った行動は報告されていません。

　ある日、自由遊びの時間に、かいとくんがパトカーのおもちゃで遊んでいると、ゆうたくんが横からいきなり「かして！」と言ってパトカーのおもちゃを取ってしまいました。かいとくんは「あー！」と言いながら、ゆうたくんをたたき、無理やりパトカーのおもちゃを取り返して遊びはじめました。ゆうたくんは泣いてしまい、先生に言いに行きました。担任のゆきえ先生は、かいとくんに「たたくのはやめようね」と伝えましたが、このようなことが何度か繰り返される状況に困っています。

■ 問題の整理

　かいとくんは「パトカーのおもちゃで遊びたい」と思っていることが想像できます。また、ゆうたくんは「かしてと言ったのにどうしてたたかれるの？」と困っていることも想像できます。普段は穏やかなかいとくんは、なぜゆうたくんをたたいてしまったのでしょうか。

　「たたくのはやめようね」とゆきえ先生が注意をすると、かいとくんは反省している様子だったため、人をたたくことはよくないということは理解できているようです。しかし、ほかの場面も含めて、遊んでいたおもちゃをいきなり取られるなど、いなやことをされた場面で「やめて」と言う様子は確認できませんでした。そのため、かいとくんは、いやなことをされたときに「やめて」と言うことや、「やめて」と言うタイミングを知らない可能性があると考えられます。

　また、たたいた後にゆうたくんが泣いてあきらめることによって、かいとくんは結果的にパトカーのおもちゃで遊び続けることができました。そのため、「たたくと大好きなパトカーのおもちゃで遊び続けることができる」と理解している可能性が考えられます。このような状況をふまえ、「たたくとおもちゃで遊び続けることができる」という理解ではなく、「『やめて』と言えばおもちゃで遊び続けることができる」という理解をうながす必要があります。かいとくんには、「やめて」という言葉を理解し、それを相手に伝えるタイミングを学習するサポートが必要だといえるでしょう。

■ 実際の対応例

　かいとくんの様子を観察してみると、急にパトカーのおもちゃを取られるなど、いやなことがあったときに相手をたたいた結果、お気に入りのおもちゃで遊び続けることができたという状況に満足していることがわかりました。そこでゆきえ先生は、かいとくんが落ち着いているときに、「いやなことがあったら、やめてって言ってごらん」と伝えました。しかし、その後も友だちにいやなことをされたときにたたいてしまうことが何度か繰り返されました。したがって、まずは先生とのやりとりのなかで「やめて」と言えるようになることを目標としました。

　ゆきえ先生は、自由遊びの時間にかいとくんがおもちゃで遊んでいるときに、わざと「かして！」と言ってかいとくんが遊んでいたおもちゃを取りました。かいとくんが先生をたたこうとしたので、「いやなことがあったら？」と問いかけると、かいとくんは「やめて」と言うことができました。先生は、「やめてって上手に言えたね！　いやなことがあったときには、やめてって言うんだったよね。たたくんじゃなくて、言葉で気持ちを伝えようね」と伝えました。

　数日後、友だちにおもちゃを取られそうになったとき、かいとくんは「やめて」と言うことができました。そこでゆきえ先生は、かいとくんに「やめてってお友だちにも上手に言えたね！」と伝え、友だちには「いま、かいとくんが使っているから順番ね」と伝えました。友だちは「わかった！」と納得してくれました。このような経験を重ねることで、かいとくんは徐々に友だちを傷つけることなく、「やめて」と自分の気持ちを伝えることができるようになりました。

チェック ✔

- ☐ 子どもが「やめて」という言葉を知っているかどうかを確認し、必要な支援を見極める。
- ☐ 自分の気持ちを言葉で表すことの効果を伝えることで、対人関係の構築やストレスの低減につながる。

ミニワーク ▶ 「やめて」と言えるとよい場面は？

　いやなことがあったときに、泣いてしまって「やめて」と言えない子どもには、どのようにサポートすればよいでしょうか。また、事例の場面のほかに「やめて」と言えるとよい場面はありますか。自分で考えたり、まわりの保育者と話し合ったりしてみましょう。

8 「誰も話を聞いてくれない…」と泣いてしまう ：「いま、いい？」

　4歳児クラスのあいちゃんは、たくさん言葉を知っていておしゃべりが大好きです。「先生、聞いて、聞いて。昨日おうちでおにぎりをつくって食べたの」など、積極的に話をしてくれます。おしゃべりを楽しくできることはいいのですが、おままごとで遊んでいる友だちのところに行って、「今日のあいの靴下、プリンセスなの。見て、見て！」などと関係のない話をしてしまうこともあります。そして、友だちがおままごとで遊んでいて返事ができないと、「誰もあいの話を聞いてくれない…」と泣いてしまいます。

　担任のゆきえ先生は、あいちゃんの気持ちに寄り添いながらも、「話を聞いてくれないんじゃなくて、おままごとを楽しんでいるからだよ」と伝えていますが、「誰もあいの話を聞いてくれない…」と、あいちゃんのなかにネガティブな気持ちが重なっていくことが気になっています。

■ 問題の整理

　「誰も話を聞いてくれない…」と泣いてしまうあいちゃんは、どのような力を身につければ話を聞いてもらえるようになるでしょうか。また、実際の生活では、話を聞いてもらえない場面もありますが、そのことをどのようにとらえられるとよいでしょうか。話を聞いてもらえる場面とそうではない場面があることを理解するためには、まわりの友だちを含め、クラス全体へのはたらきかけも必要になります。

　まずは、話を聞いてもらえる場面を理解していないのか、または理解はしているけれど話をやめられないのかを確認しましょう。「話を聞いてもらえる状況」について理解ができていない場合には、話を聞いてもらえる場面を伝えるところから始めます。一方で、状況の理解はできているけれど、話したいという気持ちをコントロールできないという場合には、保育者が「後で話してね」と伝えたり、「いま、話していいですか」と尋ねる練習をしたりするなど、どのようなときに、どのように行動すると、どのような結果が得られるかを理解できるように支援していくとよいでしょう。

　個人へのサポートと並行して、クラス全体にもはたらきかけることで、支援の効果が高まることが期待できます。クラスの子どもたちが、自分の話を聞いてもらったり、相手の話を聞いたりする際の「マナー」を知っているかどうか確認してみましょう。4歳児クラスの子どもたちは、徐々に相手のことを考えて行動したり、発言したりする力もついてきます。その力の一つとして、自分も相手も気持ちのよい話しかたや聞きかたを身につけることが大切です。

■ 実際の対応例

　ゆきえ先生は、まず、自分の話をしてもよい場面と、自分の話はせずに待つべき場面について、あいちゃんと一緒に考えることにしました。あいちゃんが、自分の話を次々にしているときを中心に、「いまは、あいちゃんと先生の2人しかいないから、あいちゃんのお話をしてくれてOKだよ」「いまは、先生はみんなのクレヨンを運んでいるよね。お仕事中だから、ちょっと待ってね。お仕事が終わったら話そうね」などと、状況を含めて伝えることで、あいちゃんが話をしてもよい場面を理解できるように練習し

ました。また、「話したかったけれどがまんした」「お友だちの話を聞くことができた」などと振り返りながら、話をしてもよい場面を「復習」できるようにしました。

　クラス全体に対しては、短い劇で場面を紹介しながら、話をするときと話を聞くときのポイントを子どもたちが共通理解できるようにしました。まず、「いまから先生たちが短い劇をします。ゆきえ先生の話しかけかたがよかったかどうか、見ていてね」と説明し、補助のなおき先生に協力してもらい、「話しかける役」と「話しかけられる役」を演じました。

　ゆきえ先生がなおき先生の後ろから急に「今度のお休みにね…」と話しかけると、なおき先生は「わあっ！　びっくりした！」と驚いた反応をしました。その後、「ゆきえ先生の話しかけかたは、よかったかな？　どうすればよかったと思う？」と子どもたちに確認すると、「ねえねえ、とか言えばよかった」「お話しようってさそえばいいと思う」という意見が出ました。ゆきえ先生は、今度は「ねえねえ、いま、いい？」と、なおき先生に声をかけ、なおき先生が振り向いて「うん、いいよ」と言ってから、「今度のお休みにね…」と話しはじめました。そして、「お友だちに話しかけるときは、『ねえねえ』って言うといいんだね」「お友だちがいいよって言ったらお話していいんだね。ダメって言われたらどうする？」などと投げかけ、「ダメって言うだけじゃなくて、後でね、とか、待ってねって言えるといいね」と確認しました。

　その後は、上手にできていた子どもをみんなの前でほめてお手本にしたり、ルールを守りながらお互いに気持ちよく過ごせている場面では、そのことを子どもたちに伝えたりしました。また、うまくできていない場面では、「お話をしたいときは最初になんて言えばいいんだっけ？　『いま、いい？』だよね」「ちょっと待ってって言われたら、怒らないでまた後で話そうね」などとていねいに確認することで、徐々に習慣化されるようになりました。あいちゃんに対しても、うまくできている場面ではしっかり本人に伝えることを保育者の間で確認し、一貫した対応ができるようにしました。

　慣れないうちは、がまんしすぎてしまう子どももいたため、先生が話を聞いて、ストレスがたまらないように調整することで、クラスのみんなが楽しく話ができるようになりました。

チェック ✔

☐ 話しかたのどんなところに支援が必要なのか、子どもの姿から見極める！

☐ クラス全体で、話しかたと聞きかたの「マナー」を共有できることが理想。
子どもたちにわかる方法で、具体的に伝える！

ミニワーク ▶ **クラス全体で共有する劇を考えてみよう！**

テーマ：「いま、いい？」（対象：おおむね３歳児後半〜）

先生： お手本を見せる	・相手役の子どもに先生が肩をトントンして「いま話していい？」と伝える。
▼	
子ども： お手本をまねしてやってみる	・代表の子ども２、３人くらいにやってもらう。
▼	
先生： よかったところを伝える	・先生が代表の子どものよかったところを伝える。見ていた子どもたちにもよかったところを聞いてみる。
▼	
子ども： クラス全体でやってみる	・クラス全体でペアをつくってやってみる。

⑨ 断りかたがわからず、がまんをしてしまう ：「ありがとう。でも、○○したい」

事例場面

　5歳児クラスのみねちゃんは、友だちが大好きで、困っている人がいるとすぐに助けることのできる子どもです。自由遊びの時間には、砂場遊びや鬼ごっこなどいろいろな遊びを楽しんでいます。

　あるとき、自由遊びの時間にみねちゃんが砂場に向かっていると、りつくんに「一緒に鬼ごっこをして遊ぼう！」と誘われました。みねちゃんは小さい声で、「誘ってくれてありがとう。でも…」と言いましたが、りつくんは「おれが鬼をやるから逃げてー！」と言い、鬼ごっこを始めてしまいました。みねちゃんは、鬼ごっこに参加したものの、砂場の前を通るたびに悲しそうな表情をしています。このようなことが何回か続き、担任のともこ先生はみねちゃんにどのようなサポートができるか、悩んでいます。

■ 問題の整理

　友だちからの誘いを断ることは、大人になっても必要となるスキルの一つです。しかし、大人でも「どう断ればいいかな…」と悩む場面は多いのではないでしょうか。大人

になって「いやなことはしっかり断ろう」と思っても、すぐにできるものではありません。そのため、子どものうちから、断りかたのスキルを身につけておくことがとても大切です。

　断る際には、みんながOKと思えることが大切ですが、それはなかなかむずかしいかもしれません。そのため、子どもができる部分は自分自身でできるように支援し、それがむずかしい部分は保育者が代弁するなどのサポートが必要であると考えられます。

　みんながOKと思えるには、まず誘ってくれたことに対して「ありがとう」と伝えることが大切です。「ありがとう」と感謝を伝えることによって、相手はいやな気持ちになりにくいでしょう。また、「断る理由」を伝えることも必要です。この事例では、みねちゃんは「砂場で遊びたい」ということが断る理由になると考えられます。断る理由を伝えることは、子どもの年齢によってはむずかしいこともあるかもしれません。その場合には、先生が「○○ちゃんは砂場で遊びたいんだよね」などと代弁し、お手本を見せるとよいでしょう。さらに「提案」を加えると、みんながOKになりやすいでしょう。提案は、幼児期の子どもにとっては少しむずかしいかもしれませんが、子どもの成長に合わせて、「明日やろう」「時計の長い針が6のところになったらやろう」などの提案ができるようになることをめざします。

　この事例では、みねちゃんは「誘ってくれてありがとう」と伝えることができていますが、「断る理由」まで伝えることはむずかしく、気がついたら遊びに巻き込まれてしまっていたようです。そのため「断る理由」をどのように伝えればよいのかがわからない可能性が考えられます。また、みねちゃんは思いやりのある子どもなので、断ったら友だちはいやな気持ちになるだろうと思い、断ることができないという可能性も考えられます。そのため、自分と相手の気持ちについて考えながら断る方法を身につけることが目標になるでしょう。

■ 実際の対応例

　実際にみねちゃんの様子を観察すると、「誘ってくれてありがとう」と伝えることはできるものの、やはり「断る理由」を伝えることができず、気がついたら遊びに参加さ

せられてしまうという状態が続いていました。そこでともこ先生は、ニコニコ顔と悲しい顔の「きもちのカード」を用いて、視覚的に自分と相手の気持ちを理解しながら、断りかたを身につけることをめざしました。

図6-9 きもちのカード

　まず、事例と同様の場面で、みねちゃんに、「誘ってくれてありがとうって上手に言えたね！」と伝え、りつくんには、「でも、みねちゃんは砂場で遊びたいの」と伝えました。するとみねちゃんはうなずき、りつくんは「オッケー！」と言ってくれました。そして、みねちゃんに「『誘ってくれてありがとう』って言った後に、先生が言ったみたいに『でも砂場で遊びたいんだ』って、みねちゃんの気持ちを伝えれば、みんなが楽しく遊べると思うよ」と伝えました。

　その後、ともこ先生はみねちゃんと一緒に、みんなが楽しく遊べるための断りかたと、断ったときの自分と相手の気持ちを考える時間を設定しました。「砂場で遊びたいけれど、鬼ごっこしようって言われたときに、何も言えなかったらみねちゃんはどんな顔になるかな？」と質問しました。みねちゃんは悲しい顔を選びました。続けて、「じゃあ、りつくんはどんな顔になるかな？」と質問すると、ニコニコ顔を選びました。さらに「このとき、みねちゃんもりつくんも楽しく遊べるかな？」と聞くと、みねちゃんは首を横に振ったので、「何も言えないもじもじさんだとみんなが楽しく遊べないね」と整理をしました。

　次に「砂場で遊びたいけど、鬼ごっこしようって言われたときに、『やだ！』って言ったら、みねちゃんはどんな顔になるかな？」と質問すると、悲しい顔を選びました。「じゃあ、りつくんはどんな顔になるかな？」と質問すると、悲しい顔を選びました。「このときは、みねちゃんもりつくんも楽しく遊べるかな？」と聞くと、みねちゃんは首を横に振ったので、「『やだ！』って強く言うらんぼうさんでもみんなが楽しく遊

べないね」と整理しました。

　最後に、「砂場で遊びたいけれど、鬼ごっこしようって言われたときに、みねちゃんが『誘ってくれてありがとう。でも砂場で遊びたいんだ』って言ったら、みねちゃんはどんな顔になるかな？」と質問すると、悲しい顔を選びました。理由を聞くと、「りつくんは悲しいと思うから私も悲しい」と答えました。そのため、「このあいだ、先生がりつくんに『みねちゃんは砂場で遊びたいの』って言ったら、りつくんはオッケーってニコニコ顔で言ってくれたよね」と、友だちの反応と表情を振り返りました。

　しばらくするとみねちゃんは、「いつもりつくんは、オッケーって言ってくれるね。私もりつくんもニコニコ顔だ！」と気がつき、「私もやってみる！」と言いました。そして、「誘ってくれてありがとう！　でも砂場で遊びたいんだ」と言うことができ、りつくんも「オッケー！」と言ってくれました。ともこ先生はみねちゃんに「上手に言えたね」と言い、りつくんに「ありがとう」と伝えました。そして、「明日、一緒に鬼ごっこをしたら？」と提案すると、みねちゃんとりつくんは「うん！」と言いました。

　それから、みねちゃんは上手に「ありがとう」と「断る理由」を伝えることができるようになりました。ともこ先生は、みねちゃんが「ありがとう」と「断る理由」を伝えた後に、「明日、一緒にやったら？」「給食の後の自由遊びの時間にやったら？」など、「提案」だけを代弁するようにしました。ともこ先生は、徐々に子どもたちが「提案」もできるようになることを次の目標にしました。

チェック ✔

- ☐ モデルを見せることで、「こうすればいいんだ」と学習することができる。
- ☐ きもちのカードを用いることで、気持ちを理解することができる。
- ☐ みんながOKと思えることを目標に、年齢や状況に合わせて「ありがとう」と「断る理由」を伝え、さらに「提案」ができるようになることをめざす。

第6章　集団のなかで気づく「ストレス場面別」対処法

10 準備が苦手で友だちから遅れてしまう
　　　：「ちょっと待って」

事例場面

　5歳児クラスのひろくんは、いつもニコニコしていて友だちみんなに優しい子どもです。友だちが多く、いつも遊びに誘い合う姿が見られます。ひろくんは身体を使うことが苦手で、手先が不器用なところがあり、友だちと一緒に外遊びに出かけようとすると、帽子をかぶったり、靴を履き替えたりする準備に時間がかかり、置いていかれてしまうことがあります。そのようなとき、ひろくんは、さみしそうな表情で準備を終え、少し遅れながらも友だちのなかに入っていっていました。

　しかし最近になって、遅れてしまったときに友だちを追いかけることをせずに、一人で遊びはじめたり、年下のクラスの友だちと遊んだりする姿が見られるようになり、担任のともこ先生は気になっています。先生はひろくんに、本当は一人で遊びたいのか、クラスの友だちと遊びたいのかを尋ねました。ひろくんはクラスの友だちと遊びたい気持ちがあるけれど、遅れてしまうと入りづらい、と先生に話すことができました。

■ 問題の整理

　ひろくんは、手先が不器用なために準備が遅れてしまい、クラスの友だちと遊べない状況にあります。このとき、友だちと一緒に外遊びに出られるようにサポートすることも考えられるでしょう。たとえば、ひろくんがさっと帽子をかぶったり、靴をスムーズに履き替えたりできるようにかかわる方法です。

　しかし、手先の不器用さは、本人の努力だけではうまくいかなかったり、うまくいくまでに時間を要したりする場合があります。したがって、手指の使いかたの練習をするだけでは、いまのひろくんがおかれているつらい状況が解決する、つまり「この練習をがんばったら、みんなと一緒に遊べる！」とは感じづらい可能性があります。手指の使いかたの練習も重要ですが、まずはひろくんがすぐにできる方法で、友だちと遊ぶ機会が提供されることが望まれます。

　一方で、ひろくんは保育者や友だちに自分の思いを伝えるスキルはすでに身につけています。ひろくんがすでに身につけている力を活用して、直面している課題を解決することで、ひろくんのストレスを減らす方法を検討することも大切です。

■ 実際の対応例

　ひろくんの気持ちを理解したともこ先生は、遅れてしまいそうなとき、「ちょっと待って」と言うとよいことを伝えました。そして、友だちが待ってくれたら、何と伝えればいいのかもひろくんと一緒に考え、「待ってくれてありがとう」と言うことを決めました。ともこ先生は「いい言葉だね」と伝えました。そして次の日の朝の会で、友だちに待ってもらいたいときは、「ちょっと待って」という言葉が使えることをクラス全体で確認しました。そのときに、待ってもらえたらどんな気持ちになるか、置いていかれたらどんな気持ちになるかを子どもたちに聞いてみました。さらに、「ちょっと待って」と言われて待つことができると、「ちょっと待って」と伝えてきた相手がどんな気持ちになるかもみんなで考えました。そして最後に、待ってもらえたら相手に何と言えばよいかを投げかけ、ひろくんに発表してもらいました。ひろくんは「待ってくれてありがとう」とみんなの前で発表することができました。

第**6**章　集団のなかで気づく「ストレス場面別」対処法

その後、ひろくんは友だちに「ちょっと待って」と伝えることが増え、外遊びもクラスの友だちと一緒に楽しめる時間が戻ってきました。さらに、クラス全体でも給食の準備や当番活動の際に、「ちょっと待って」「いいよ」「待ってくれてありがとう」というやりとりが見られるようになりました。

チェック ✔

- ☐ 子どものストレスを減らすために、まずは子どもがすでに身につけているスキルを活用することを検討する。
- ☐ 身につけたスキルを適切に実行できるように、個人とクラス全体の両方にはたらきかける！

ミニワーク ▶ 遅れてしまう理由を考えてみよう！

　みんなから行動が遅れてしまう理由はいくつかあります。「急ごうね」と声をかけるだけではうまくいかず、子どもも保育者もストレスになることもあるかもしれません。遅れてしまう理由を見つけることで、ストレスを感じることなくうまくいく経験が得られるといいですね。

遅れてしまう理由を考える手順
1　子どもの姿をよく見る
Point　①ぼーっとしている　②作業や動作がしづらそう
　　　　③他のことがしたい　④次の活動に興味がない、やりたくない　など
2　理由に合ったかかわりを考える

　事例のひろくんの場合は②の理由が考えられました。理由をふまえてたくさんアイデアを出してみましょう。

11　自分の意見を通したいときに友だちを否定してしまう ：「一緒にやろう」

事例場面

　4歳児クラスのけんたくんは、好奇心旺盛で、友だちと遊ぶことが大好きです。ある日、一緒に砂場遊びをしていたるいくんが、砂を集めてお城をつくろうとしていると、けんたくんは「そうじゃないよ！」「ちがうよ！」と少し強い言葉で自分の意見を伝えていました。また、けんたくんがトンネルづくりに夢中になっているときに、るいくんが反対側から穴を掘ろうとすると、「ぼく、ひとりでやる！」「手伝わないで！」と言うので、るいくんはしょんぼりして砂場遊びをやめてしまいました。このような状況に対して担任のゆきえ先生は、けんたくんにどのようにかかわればよいのか悩んでいます。

第**6**章　集団のなかで気づく「ストレス場面別」対処法

■ 問題の整理

　4～5歳児クラスでは、けんたくんのように「一人でやりたい」と主張する子どもの姿がよく見られます。この時期の子どもにとって、「自分でやりたい」という主体的な気持ちを行動で表すことはあたりまえです。一方で、この時期には、子ども同士が自分の気持ちを伝え合うことも増え、時には強い言葉で意見を言い合うこともあります。また、ルールに沿って遊ぶ楽しさや友だちと協力して遊ぶ楽しさを知る時期でもあります。発達の段階や時期は子どもによって異なりますが、「自分の意見を言う」「自分の意見をゆずる」「他者と協力する」「他者と何かをやり遂げる」「相手を励ます声かけをする」といったことを身につけていく時期でもあります。

　このような点をふまえたうえで、支援の観点を整理してみましょう。まず、友だちを否定するときやその理由はいつも同じなのか、それとも毎回異なるのかを確認します。いつも他者を強く否定しているのか、それとも自分の意見を通したいときだけ否定しているのか、あるいは自分の意見にこだわっているのかなど、様子を観察してみましょう。子どもが友だちを否定している場面の前後の状況に注目することで、友だちを否定すると自分の意見が通る、という体験をしているのか、それとも自分の意見を伝えたいだけなのかが見えてくるかもしれません。

　次に、これまでの様子を振り返り、友だちと協力して何かをやり遂げた経験があるかどうかを確認してみましょう。もし、そのような経験が少ない場合には、協力することで自分だけではできないことができたり、一人でやるよりも楽しく遊べたりすることに気づけるようにサポートすることが大切です。同時に、これまでの経験を通してその子どもがすでに身につけているスキルは何か、これから身につけなければならないスキルは何かを整理しつつ、どのような課題を乗り越えようとしているのかを検討してみるとよいでしょう。「そのやりかたじゃダメだよ」と言うだけでは、子どもはどのように行動すればよいのかわからないことが多いです。「こうするといいよ」と具体例を示しましょう。

■ 実際の対応例

　けんたくんの様子を観察していると、「こっちにお城をつくりたい」「もっと砂をたくさん集めたい」など、自分の意見を通したいときに友だちを否定していることがわかりました。そこでゆきえ先生は、「『違うよ』って言っても、お友だちはどうすればいいのかわからないよ」と、けんたくんに伝えてみました。しかし、けんたくんは、具体的にどのように友だちに伝えればよいのかわからないようでした。そこで先生は、「『こっちにお城つくりたい』って言ってみたら？」と提案し、けんたくんと一緒に、るいくんに伝えに行きました。

　けんたくんは、いつ、どのようなタイミングで声をかければよいのかわからない様子だったため、先生は「先生と一緒に、『一緒に砂場でお城をつくろう』って言おうか」と誘い、一緒にるいくんに声をかけました。すると、るいくんは「うん、いいよ！」と笑顔で返事をしてくれました。その後、ゆきえ先生は、「けんたくん、お城をどこにつくりたいか、るいくんに言えるかな」とうながすと、けんたくんは「こっちに大きくつくりたい」と言うことができました。

　さらに先生のサポートを得ながら、「ここに川をつくろうよ」というるいくんからの提案を受け入れたり、るいくんがお城の一部を壊してしまったときにも「大丈夫だよ、またがんばろう」と励ますような声かけをすることができました。ゆきえ先生は、「みんなで力を合わせると、一人でつくるよりも大きなお城ができるし、お友だちと一緒に遊ぶのは楽しいね」と伝えました。その後も、ときどき、けんたくんが「そうじゃない！」と言うことはありましたが、先生が「どうしたいのか教えて」とうながすと、徐々に言葉で伝えることができるようになりました。

チェック ✔

- [ ] 子どもの成長に合わせて、協力するための具体的な方法を身につけていくことが大事！
- [ ] 子どもがどうすればよいかわからない場合には、具体的な解決策を示すことも大切。そして、徐々に「教える」部分を減らしていく。

第**6**章　集団のなかで気づく「ストレス場面別」対処法

12 困ったときに涙を浮かべてうつむいてしまう
：「手伝って」「教えて」

　4歳児クラスのゆうなちゃんは折り紙が大好きで、いつも最後まで、一人でがんばろうとします。折りかたがわからないときも、折り紙の本をじっと見て、チャレンジしています。それでもわからないときはうつむきながら涙を浮かべていたり、折り紙を丸めてしまうこともあります。担任のゆきえ先生は、ゆうなちゃんにどんなかかわりができるか悩んでいます。

■ 問題の整理

　「手伝って」「助けて」「教えて」「お願い」などの言葉に代表される、周囲に助けを求めるスキルは、日常生活を送るなかでとても大切です。このように誰かにサポートを求めることを「援助要請」といいます。また、人とのつながりのなかでもたらされるかかわりや支援のことを「ソーシャルサポート」といいます。「ソーシャルサポート」とは、たとえば、つらいことがあったときに話を聞いてもらったり励ましてもらったりするこ

と、わからないことがあったときに必要な情報や技術を教えてもらうこと、忘れ物をしたときに必要なものを貸してもらうことなどさまざまです。

　実際の支援の方針については、次の３つの視点をふまえて考えるとよいでしょう。

　１つめは、子どもが「手伝って」「助けて」「教えて」などのサポートを求めるための言葉を知っているかどうかです。子どもが、これらの言葉を知らない、また言葉は知っていてもその言葉を使うタイミングを知らない可能性があります。

　２つめは、ほかの場面では、「いつ」「誰に」「どのようなサポート」を求めているかです。サポートを求めたい相手として、保護者や保育者を選択する子どももいれば、友だちを選択する子どももいるでしょう。特定の保育者や友だちに手伝ってほしいと望む子どももいます。サポートの内容については、やりかたを教えてほしい場合やそばで見ていてほしい場合、一人でやりたい場合もあるかもしれません。

　３つめは、保育者が気になっている場面で、実際に他者にサポートを求めることができているかどうかです。先の２つの視点を確認できたら、「他者にサポートを求めることができた」という体験をすることが大切です。幼児期の子どもの場合は、言葉でなくても、視線を送ったり、折り紙を差し出すなどの行動でもよいでしょう。保育者は、そのアピールを見逃すことなく、徐々に言葉で伝えることができるようにうながしていきます。その過程で、子ども自身がサポートを求める相手や内容を選択できるようになるとよいでしょう。

■ 実際の対応例

　ゆうなちゃんの様子を観察していると、折りかたがわからないときに、となりの子どもや先生のほうをチラッと見てから折り紙の本を見ていることがわかりました。そこでゆきえ先生は、ゆうなちゃんがとなりの子どもの様子をチラッと見て手が止まっているときに、「折るのを手伝ってほしいときは、『手伝って』って言ってね」と伝えてみました。するとゆうなちゃんは、小さな声で「手伝って…」と言い、先生に折りかたを教えてもらうことができました。その後、ゆうなちゃんは、わからないときには、先生や友だちに「手伝って」「ここはどうするの？」と言えるようになりました。

ゆきえ先生は、さまざまな場面で、クラスみんなに対して「わからないことがあることはあたりまえのことだよ」「誰かにお願いすることはとても大事なことだよ」「一人でやってもいいし、誰かと一緒にやってもいいよ」などと伝えるようにしました。その結果、徐々にクラスでは「先生、手伝って」「○○ちゃん、一緒にやって」「今日は一人でやりたい」など、いろいろな言葉が交わされるようになりました。

チェック ✔

☐ 他者にサポートを求めることは、生きていくうえでとても大事！

☐ 子どもの様子を観察しながら、サポートを求めることの必要性を伝えていくことが重要！

☐ 子ども自身が、「いつ」「誰に」「どのようなサポート」を求めるかを選択できるようになることをめざす。

ミニワーク ▶ サポートの輪をつくろう！

　自分自身について、日頃からどのような人たちがサポートをしてくれているかを考えてみましょう。

手順
① 紙の真ん中に「私」と書く（イラストでもOK）。
② 「私」のまわりにはいつもどんな人たちがいるか、具体的に書き出してみる。
③ ②を見ながら、「いつ」「だれに」「どのようなサポート」をしてほしいか、場面と一緒に整理する。

記入例

> 場面：いやなことがあったとき
> いつ：週末に
> だれに：友だちの○○に
> どのようなサポートをしてほしい？：
> 話を聞いてほしい。
> どうしたらいいかアドバイスをしてほしい。

13 「お腹が痛い」と泣いて登園をいやがる ：「きもちのカード」の活用

事例場面

　ある日、5歳児クラスのこうすけくんが、好きなキャラクターが描かれたコップを使っていると、同じクラスのじんくんが「かっこわるーい！」とからかってきました。こうすけくんが驚いて何も言えないでいると、その日から、先生が見ていないときに「そんなの使うなんてきもいー！」と言われたり、コップを取り上げられて床に落とされたりすることがたびたび起こりました。こうすけくんは登園前に「お腹が痛い」と言って泣いたり、園で「家に帰りたい」と暗い表情をしたりすることが増え、担任のともこ先生は元気のないこうすけくんの様子が気になっていました。

　そんな様子がしばらく続いたある日、ともこ先生はこうすけくんが部屋の隅で泣いていることに気づき、話を聞いてみると、こうすけくんがじんくんの言動にいやな思いをしていることがわかりました。こうすけくんとじんくんにはそれぞれ個別に対応したことで、その後、じんくんがこうすけくんをからかったり、コップを取り上げたりすることはなくなりました。

■ 問題の整理

　こうすけくんは、登園をいやがったり、心身の不調が表れたりしている状態で、ストレスレベルが非常に高いことが推察されます。しかし、こうすけくんは、このような場面に対処する方法をもっていませんでした。とてもいやな気持ちになっているにもかかわらず、どうすればよいかわからない状態であると考えられます。このような状態が長く続くと、いやな場面を回避しようとして登園をいやがる、心身に不調をきたすなどの重篤な問題に発展してしまう可能性があります。

　事例場面について、状況を整理してみましょう。図6-10のとおり、こうすけくんの行動は、じんくんの「からかう」という行動のきっかけになっていることがわかります。こうすけくんがともこ先生に「助けて」と伝えられていれば、もっと早く対応することができたでしょう。

図6-10 こうすけくんの状況

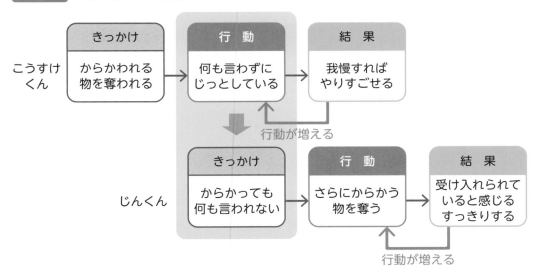

　しかし、誰かに助けを求めることは、大人でもなかなかむずかしいスキルです。特に子どもの場合は、「自分のことは自分でやる」「すぐ人に頼ってはいけない」などの教え

をまじめに守ろうとするあまり、自分では解決することがむずかしい課題でも「人に頼る自分はダメな人間だ」という思考が生まれやすくなってしまいます。誰かに助けを求めることは、成長とともに自然とできるようになるとは限らず、むしろ年齢が上がるにつれて、ますますむずかしくなることが予測されます。だからこそ、幼児期に誰かに助けを求めるスキルを身につけ、実際に「適切に助けを求めることで問題が解決した」という経験を積むことが大切なのです。そのうえで、将来的に、自分の力で解決するべき問題、友だちなどと協力しながら解決するべき問題、大人に相談して解決するべき問題などを適切に分類し、対応できるようになることが望まれます。

　今回の事例では、すでにこうすけくんに対する「からかい」は解決していますが、ともこ先生は、今後のためにも、こうすけくんが他者に助けを求めるスキルを身につけることを目標にしました。

■ 実際の対応例

　こうすけくんのように、いやなことがあってもすぐに言葉にできない子どもの場合は、「きもちのカード」（p84図6-5参照）の活用が有効です。まずはいやなことがあったときに先生のところに行き、「きもちのカード」を使って困っていることや悲しい気持ちを伝えられるようになることをめざしました。具体的には、笑顔のカード、ふつうの顔のカード、悲しい顔のカードを用意して、こうすけくんのロッカーに入れておき、いつでも取り出せるようにしました。そして、登園時と降園時に、「いまはこうすけくん、どんな気持ち？」と尋ねて、「きもちのカード」の使いかたを覚えてもらいました。

　ある日、園庭でボール遊びをしているとき、じんくんがこうすけくんに、ふざけてボールをぶつけてきました。こうすけくんは少しの間じっとしていましたが、その後、ともこ先生のところに来て、悲しい顔のカードを見せることができました。ともこ先生は、こうすけくんと一緒に静かな部屋に移動し、途中でさえぎらないように気をつけながら話を聞きました。話を聞き終えた後、ともこ先生は、「話してくれてありがとう」と伝えました。そして、先生の理解が合っているかどうかを確認したうえで、じんくんにどうしてほしいかを一緒に考えました。解決策が見つかった後に、「いまはこうすけ

くん、どんな気持ちかな？」と尋ねると、こうすけくんは笑顔のカードを見せました。そこで、ともこ先生は「先生に教えてくれたから、こうすけくんの悲しい気持ちを減らすお手伝いができたんだよ」と伝えました。

　「きもちのカード」を活用しながら助けてほしいことを伝えられるようになったこうすけくんに対して、ともこ先生は就学後も視野に入れ、「先生、お話聞いて」「いま悲しい気持ちになっているよ」などと、カードを使わなくても言葉で助けてほしいことが伝えられるように支援をしていきました。

チェック ✔

- ☐ 幼児期に、誰かに助けを求めるスキルを身につけておくことが重要。
- ☐ 気持ちを言葉にすることがむずかしい場合は、絵カードや困っていることを伝えるサインを教えて、スモールステップで助けを求めるスキルを身につけるサポートをする。

ミニワーク ▶ 支援を行うタイミングは？

　「きもちのカード」を活用した支援を行う場合、1日のうちのどのようなタイミングで、使いかたを覚えてもらうためのかかわりができそうでしょうか。できる限り毎日同じタイミングで設定できると、よりよいでしょう。生活のなかで支援を行うタイミングについて、自分で考えたり、まわりの保育者と話し合ったりしてみましょう。

⑭ 毎朝、登園をいやがる ：「ちょいウキ」を探す

事例場面

　5歳児クラスのひまりちゃんは、毎朝、園に行くことをいやがります。朝は、お父さんやお母さんが何度起こしても、「行きたくない」と泣いてなかなか布団から出られません。何とか園に来ることができても、今度はなかなか保護者から離れようとしません。担任のともこ先生が抱きかかえ、何とか引き離す日が続いています。

　ひまりちゃんは、「幼稚園はつまんないんだもん」と口ぐせのように言っていますが、先生が見ていると、友だちとおままごとなどをして楽しく遊んでいる様子です。

■ 問題の整理

　登園後の様子から、ひまりちゃんは実際には園での活動を楽しめている部分もありそうですが、ひまりちゃん本人は、その楽しい活動になかなか目を向けることができていないようです。楽しい活動があることに気づいたり、楽しみにしたりすることは、園に

行くモチベーションにもつながります。一方で、楽しみに気づくことができずに休んでしまったらどうなるでしょう。園に来れば経験することができた、友だちとのおままごとや、そのほかの楽しい活動を経験することができずに、「幼稚園はつまらないところだ」というひまりちゃんの認識は変わらないまま、日々を過ごしてしまうことになりかねません。

　すると、図6-11のような「悪循環」に陥ってしまい、なかなか「幼稚園に行ってがんばろう」という気持ちにつながりにくくなってしまいます。それに対して、図6-12では「幼稚園に行きたくない」という気持ちや考えが浮かんだところは同じですが、「ちょいウキ」に気づくことができています。「ちょいウキ」とは、ちょっぴりウキウキするような、子どもの好きな活動やできごとのことです。

　なぜ、めちゃめちゃウキウキする「めちゃウキ」ではなく「ちょいウキ」なのかというと、たとえば遠足や誕生会、お祭りといった大きなイベントは、楽しくなるエネルギーも大きい（めちゃウキ）ですが、毎日のように設定することは不可能だからです。それよりも毎日設定でき、毎日楽しみに生活することのできる「ちょいウキ」に目を向けることが、毎日、登園するためには有効なのです。

　もちろん「ちょいウキ」の内容は子どもによって異なります。したがって、どんな「ちょいウキ」を自分のエネルギー源にするかは、一人ひとりの子どもが考える必要があります。必ずしも「ちょいウキ」という言葉を用いる必要はなく、「楽しい活動」「うれしいこと」などと表現してもかまいませんが、「ちょいウキ」という言葉を用いることで、子どもとの間でも、「ちょいウキ探し」のような取り組みを行うこともできるかもしれません。「ちょいウキ」を表す絵カードや写真カードを用いることで、子どもの理解をうながすこともできます（図6-13）。

図6-11　ひまりちゃんの悪循環

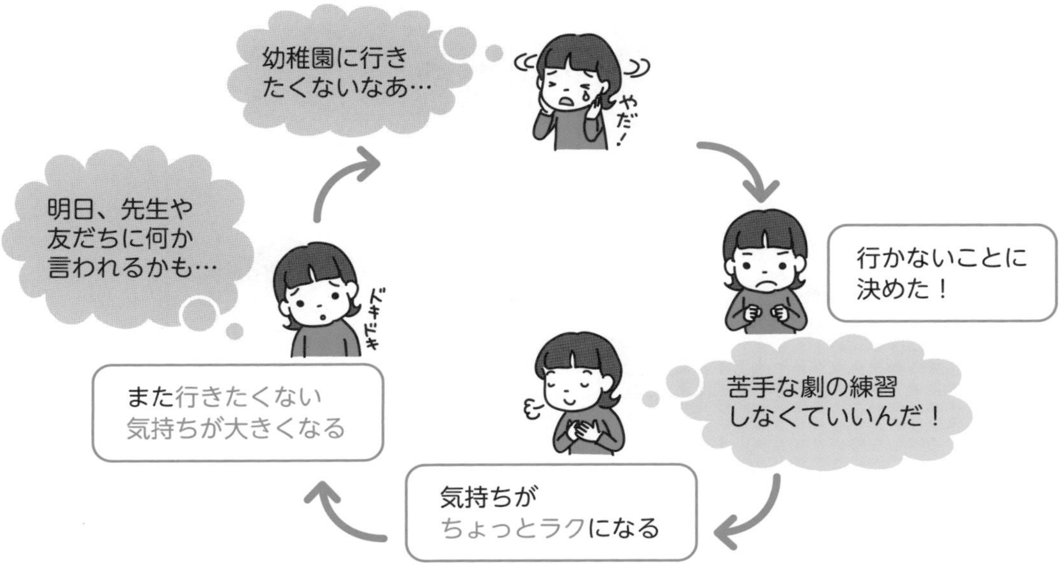

幼稚園に行き
たくないなあ…

行かないことに
決めた！

明日、先生や
友だちに何か
言われるかも…

苦手な劇の練習
しなくていいんだ！

また行きたくない
気持ちが大きくなる

気持ちが
ちょっとラクになる

図6-12　ひまりちゃんの好循環

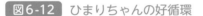

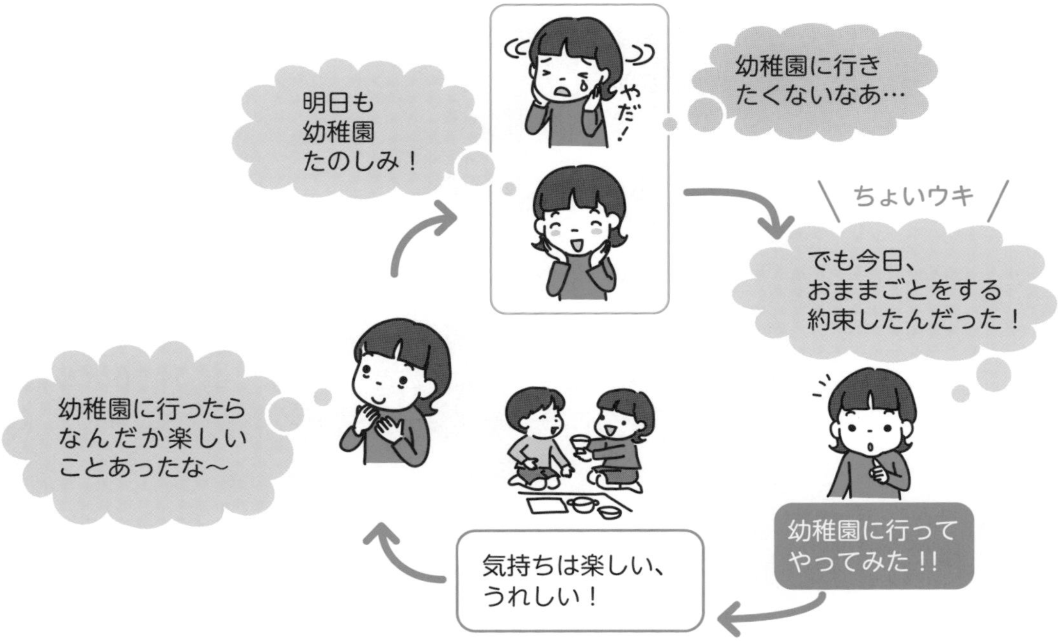

明日も
幼稚園
たのしみ！

幼稚園に行き
たくないなあ…

＼ ちょいウキ ／

でも今日、
おままごとをする
約束したんだった！

幼稚園に行ったら
なんだか楽しい
ことあったな〜

幼稚園に行って
やってみた!!

気持ちは楽しい、
うれしい！

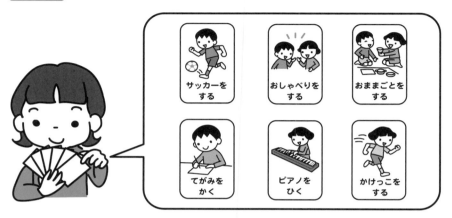

図6-13 「ちょいウキ」絵カードの例

サッカーを
する

おしゃべりを
する

おままごとを
する

てがみを
かく

ピアノを
ひく

かけっこを
する

■ 実際の対応例

　今朝もひまりちゃんは、保護者と別れてからくつばこのところで泣いています。担任のともこ先生は、まずは落ち着くのを待って、いつもどおり、一緒にかばんをロッカーにしまい、手を洗い、支度をして、準備を終えました。お茶を飲んで、友だちとおしゃべりをして、ひまりちゃんに笑顔が見られたところで、先生は「ひまりちゃん、今日も幼稚園にがんばって来たね！　先生は、ひまりちゃんが来てくれてうれしいよ。ひまりちゃんは、幼稚園楽しい？」と声をかけてみました。ひまりちゃんは予想どおり、「楽しくない、つまんない」と答えましたが、先生は続けて、「ひまりちゃんにとって幼稚園は何点くらい？　0点？」と尋ねると、「んー、30点」と答えました。さらに30点の内容を確認すると、「しずかちゃんとおままごとをするのは楽しいし、じんくんとサッカーするのも好きだし、先生と工作するのも好きだから30点」と答えることができました。先生は「ひまりちゃんにとって、おままごととかサッカーとか工作が楽しいことが「ちょいウキ」なんだね。これって、幼稚園に来ないとできないことだね。幼稚園に来るからできる特別なことだよね」と確認し、「これから幼稚園に行きたくないなっていう気持ちになったら、おままごととかサッカーとか工作とか、ひまりちゃんの「ちょいウキ」を思い出してごらん。「ちょいウキ」を思い出せると、幼稚園に行く元気

が出てくるし、幼稚園に行けば楽しいことが待っている！　って思えたらすてきだよね」と伝えました。

　その後も、ともこ先生は、ひまりちゃんに会うたびに、「今日のちょいウキは、何ですか」と尋ねたり、「今日、ひまりちゃん、上手にピアノを弾いていたね。これはひまりちゃんのちょいウキかもね！　ちょいウキが増えたね」とフィードバックをしたりするよう心がけました。そのうちにひまりちゃんは、家庭でも、園での「ちょいウキ」について話すようになり、スムーズに登園できるようになりました。

チェック✔

- ☐ 「ちょいウキ」に気づかないまま生活するのはもったいない。それぞれの子どもの「ちょいウキ」を確認し、子どもとも保護者とも共有できると効果的！
- ☐ 「〜しないと〜ができない」よりも、「〜すると〜ができる」という声かけのほうが、子どものやる気につながる。

ミニワーク ▶ 自分の「ちょいウキ」を考えてみよう！

　自分自身の「ちょいウキ」を考えて、いつ、どこで、誰とその「ちょいウキ」を経験するか、実現するための作戦を立ててみよう。

記入例

選んだちょいウキ		
子どもたちがつくった	**いつ？** 子どもたちが帰った後	朝？　昼休み？　帰宅後？
作品を眺める	**どこで？** 教室で	教室？　職員室？
	だれと？ 一人か、同僚の先生と一緒に	同僚の先生？　一人？　友だち？

第6章　集団のなかで気づく「ストレス場面別」対処法

15 ケンカをした友だちと「もう遊べない…」と決めつけて泣く：「もしかしたら？」

事例場面

　5歳児クラスのしずかちゃんとひまりちゃんは仲よしで、いつも一緒に遊んでいます。あるとき、いつものようにおままごとをしていたら、おもちゃの取り合いになってしまいました。しずかちゃんがおもちゃを無理やり引っ張った拍子に、ひまりちゃんがバランスを崩して手をついて、手のひらをすりむいてしまいました。ひまりちゃんは泣きながら、「しずかちゃん、大きらい！　もうお友だちじゃない！」と言い、しずかちゃんは「もう、ひまりちゃんと遊べない…」と言って泣き出してしまいました。

■ 問題の整理

　しずかちゃんは、ひまりちゃんに「大きらい！　もうお友だちじゃない！」と言われたこと（ストレッサー）をきっかけに「もう、ひまりちゃんと遊べない…」という考えが浮かび、悲しい気持ちになって泣き出してしまいました。ひまりちゃんにけがをさせてしまったことは悪かったと理解しており、謝ることはできそうなのですが、「ひまり

ちゃんは聞いてくれるはずがない」「謝っても絶対に許してくれない」と決めつけてしまっています。

　このようなとき、しずかちゃんに対してどのように声をかければよいのでしょうか。「そんなことないから大丈夫！」と説得することで、当面はうまくいく可能性もありますが、同じことがまた起こるかもしれませんし、説得するだけでは「ちゃんと仲直りできそう」という自信にはつながらないかもしれません。そこで、しずかちゃんの考えかたに注目して考えてみましょう。

　まずは、理解しやすいように保育者の例で考えてみます。たとえば、保育者にとって「子どもとのかかわりで失敗してしまった」という状況は、ストレッサーになり得るでしょう。そのときに「私はダメな人間だ」「私は保育者に向いていない」と考えると、ストレス反応は大きくなることが予測されます。一方で、「同じ失敗をしないよう、これを成長の機会にしよう！」「チャレンジしたからこそ失敗しただけで、大きな問題ではない」と考えることができると、ストレス反応は小さくなることが予測されます。

　このようなストレス反応の違いは、「ストレッサーに対する考えかた」によって異なります。心理学ではこれを「認知的評価」といいます。一般に「ポジティブな考えかた」や「ネガティブな考えかた」と表現されることが多いですが、実際には「考えかた」自体にネガティブなものとポジティブなものがあるわけではありません。がんばる気持ちが生まれたり、ストレスが小さくなったりするような、結果的にポジティブな状態につながる考えかたを「ポジティブな考えかた」と呼び、やる気が損なわれたりストレスが大きくなったりするような、結果的にネガティブな状態につながる考えかたを「ネガティブな考えかた」と呼ぶのです。

　このように整理すると、自分にとってよい結果につながる考えかたに気づくことが重要であることがわかると思います。さらに、大きなストレスにつながりやすい考えかたに気づいたときに、ほかに少しでも気持ちが楽になる考えかたがないかを考えてみることが大切です。このような、気持ちが楽になる考えかたに気づく方法として「認知再構成法」があります。「ネガティブな考えかたをポジティブな考えかたに変えるための方法」と説明されることもありますが、これも実際には、「ネガティブな状態につながる

考えかたが思い浮かんだときに、自分にとって気持ちが楽になる別の考えかたに気づき、それによってストレスを小さくする方法」というのが正しい理解となります。考えかた（認知）を「変える」ことが重要なのではなく、考えかたにはいくつかの選択肢があることを知り、よりよいほうを「選択する」ことが重要なのです。

「考えかた（認知）」のような、目に見えない抽象的な概念を理解することができるのは、おおよそ7〜8歳ごろからといわれており、「認知再構成法」は幼児期の子どもにとってはややむずかしい取り組みになります。それでも、ていねいに事実と考えかたを区別し、イラストなどを用いて、子どもの考えかたを言語化することをサポートできれば、有効な支援となるでしょう。

■ 実際の対応例

ともこ先生はしずかちゃんに対して、ひまりちゃんに謝るようにうながしてみましたが、しずかちゃんは「謝っても絶対に許してくれない！」と、かたくなな様子が見られました。そこで先生は、まずは深呼吸（p126参照）をうながし、しずかちゃんが落ち着くのを待ちました。しずかちゃんが泣きやんだところで、「しずかちゃんはお友だちに、つい『大っきらい！』って言っちゃったこと、ない？　『もう、いやだ！』っていう気持ちになったことって、なかった？」と、しずかちゃんの経験を確認しました。するとしずかちゃんは、うなずきながら「ある…」と答えました。さらに先生が「そんなことってあるよね。先生も、お友だちに『もう、いやだ！』とか『絶対に許さない！』って思ったり、言っちゃったりしたことがあるよ。でもね、後から考えたら、言いすぎちゃったなって思ったり、ごめんねって気持ちになったりするんだよね。もしかしたらひまりちゃんも、さっきは手が痛くてびっくりして、『もうお友だちじゃない！』なんて言っちゃったけど、いまは言いすぎちゃったなって思っているかもしれないね。どうかな？」と伝えると、しずかちゃんは迷っているように見えました。

そこでともこ先生は、図6-14のような絵を描いて整理することにしました。

先生は「こんなふうに、最初ひまりちゃんに大っきらいって言われちゃったんだよね（事実の確認）。それでしずかちゃんは、『ひまりちゃんは絶対に私のことをきらいって

図6-14　しずかちゃんの状況の整理

大きらいって
言われちゃった

ぜったいに
私のこときらい
って思っている！

しょんぼり…

もしかしたら…

よかった…

思っている』って考えて、しょんぼりしちゃったんだよね。でも、いまもひまりちゃんがしずかちゃんのこと大きらいって思っているかどうかはわからないよね。ひまりちゃんはどんなふうに考えていると思う？」と尋ね、図の下の吹き出しを指さすと、しずかちゃんは「もしかしたら…、言いすぎちゃったな、とか？」と答えました。そこで先生は「そうだね。そんなふうに考えているかもしれないね。そうしたらしずかちゃんは、しょんぼりだった気持ちが、少し安心に変わるかな？　本当かどうかひまりちゃんに確かめに行こう！　それで、『すりむいちゃった手、大丈夫？　ごめんね』って言ってみようか」とうながし、しずかちゃんはひまりちゃんに謝ることができました。

　しずかちゃんへの支援と並行して、ひまりちゃんには別の先生が対応しました。手のけがの処置を行い、ひまりちゃんが落ち着いた後、しずかちゃんの謝罪を受け入れる態勢が整っているかを確認しました。しずかちゃんがひまりちゃんに謝るタイミングを図ることで、しずかちゃんは上手に謝ることができ、ひまりちゃんもスムーズに受け入れて、2人は再び仲よく遊ぶことができるようになりました。

□ 「絶対に大丈夫！」と説得することは、その場では有効。でも、自分で解決する力を養いたい場合は、子どもと一緒に「どんなふうに考えれば楽になるか」を考える。

□ 考えかたは一つではない。たくさんの考えかた（認知）に気づいて上手に「選ぶ」ことをサポートする。

ミニワーク ▶ どんなふうに考えれば楽になる？

　次の①〜③の場面で、どのような考えかた（認知）に気づくことができると、気持ちが楽になったり、ストレスが少し減ったり、少し前向きに行動できるようになったりするでしょうか。自分で考えたり、まわりの人と話し合ったりしてみましょう。

① 「おはよう」と言ったのに、友だちが返事してくれなかった。「無視された！」
② 「貸して」と言ったのに、貸してくれない。「私のこときらいなんだ！」
③ 絵が上手に描けなかった。「私は下手だから練習してもムダだ！」

16 興奮すると大きな声を出したり、走り出したりする ：リラクセーション（呼吸法）

事例場面

　3歳児クラスのそらくんは、興奮すると大きな声を出したり、走り回ったりする様子がよく見られます。担任のみつお先生は何とか落ち着いてもらおうと、そらくんに注目して声をかけますが、そらくんはむしろ調子に乗ってしまいます。大きな声で叱ると、今度は反発して泣き叫ぶこともあり、先生は対応に困っています。

■ 問題の整理

　興味のあることや楽しい場面に遭遇し、うれしくて興奮すると心臓がドキドキしたり、呼吸が速くなったりします。そのうちに自分でもコントロールがむずかしくなってしまう子どももいるでしょう。また、大きな声を出したり走り回ったりしたことを叱られ、今度は不快な感情によって泣き叫ぶなどして、さらに呼吸が乱れてしまうことも起こります。

　人は、楽しい場合でもいやな場合でも、緊張や興奮で心臓がドキドキして、呼吸が速くなってしまうものです。そして、そのような様子を感じ取ったまわりの人が、それを

落ち着かせようと焦ったり不安になったりすることで、まわりの人にも緊張や興奮が移ってしまうこともあります。そのようなときは、問題を解決することだけでなく、気持ちをリラックスさせることにも注目し、対処方法を取り入れるとよいでしょう。

■ 実際の対応例

　そらくんが少し興奮してきた段階で、担任のみつお先生は、「一度、深呼吸をしよう」と声をかけました。また、そらくんに「心臓がドキドキしてきたね」「息がはぁはぁしているよ」などと、興奮してきていることが自覚できるようにうながしました。

　呼吸法にはいくつかの種類がありますが、ここでは2つを紹介します。本人に適した方法を選んで取り組んでみましょう。

① 身体を動かしながら呼吸をする

　「両手を挙げながら息を吸って、下ろしながら吐く」など、身体の動きと呼吸を連動させます。「ゆっくり」という状態が感覚的に理解しづらい子どもでも、両手を挙げる動作の間は息を吸うことがわかるので、ゆっくりと手を挙げることで、ゆっくり呼吸することをうながすことができます。その際、たとえば、（手を合わせて）「芽が出るよ」、（手を伸ばして）「つぼみになって」、（手を開いて）「お花が咲くよ、ぱーっ」などとイメージを伝えながら深呼吸を行うとよいでしょう。

②　数字を数えたり、リズムをつけたりしながら呼吸をする

　呼吸法には、自分に合った自然な呼吸を行う方法と、指示に合わせて呼吸をコントロールする方法があります。「自然な呼吸」を理解しづらい子どもには、どのくらいの長さで息を吸って、どのくらいの長さで息を吐けばよいのかがわかるように、ある程度コントロールする呼吸法が適しているかもしれません。たとえば「３つ数える間、息を吸うよ。いーち、にーい、さーん」など、数字を数えてもよいですし、「吸って、吸って、吸って」などリズムをつけてもよいでしょう。また、保育者がお手本を見せて、「先生のまねをしてね。ふー。もう１回、ふー」とタイミングや長さを示しながら一緒に行う方法もわかりやすいでしょう。

　呼吸法を実践する際には、次の３つのポイントを押さえておきましょう。

　１つめは、興奮した状況ではじめて取り組むのではなく、比較的落ち着いているときに練習しておくことです。興奮した状態で新しいことを教えようと思っても、本人の耳に入らず上手にサポートすることがむずかしい場合があります。落ち着いているときに練習すると、子どもも「できた」という経験を重ねることができます。

　２つめは、「落ち着いてきたね」「ゆっくり呼吸できているね」など、本人が自覚できるよう声をかけることです。はじめのうちは大人が声をかけることで状況を理解しま

す。徐々に自分でも「こういうときは深呼吸をすればいいんだ」と理解して実践できるようになることをめざします。

　3つめは、深呼吸では「吐く」ことをより意識することです。人は、息を吐くことでリラックスし、吐き切ることで自然に身体に空気が入ってきます。まずは「ふぅー」「はぁー」など、吐く動作を意識するように声をかけてみましょう。

チェック ✔

- ☐ 呼吸や身体の状態を観察し、興奮時には深呼吸をうながす。
- ☐ 身体を動かしながら呼吸する、数を数えながら呼吸するなど、子どもがわかりやすい方法で呼吸をうながす。
- ☐ 深呼吸では、息を吐くことにより意識を向ける！

17 活動の切り替え時にクラス全体が
ザワザワしてしまう：マインドフルネスヨーガ

事例場面

　園では朝、クラスでの活動が始まる前に、園庭や室内で遊ぶことのできる自由時間があります。5歳児クラスの子どもたちのなかには、時間になるとさっと切り替えてクラスの活動に参加できる子どももいますが、部屋に入るまでに友だちとケンカになってしまったり、遊びに集中して切り替えられなかったりする子どももいます。担任のともこ先生が部屋に入るように呼びかけても落ち着かず、何だかクラス全体がザワザワしてしまいます。

■ 問題の整理

　自由遊びから集団活動に移行する際、ザワザワして落ち着かない雰囲気のなかでは一斉指示で注意を向けてもらうことはむずかしいでしょう。保育者がケンカの仲裁をする、遊びに集中している子どもに声をかけるなど、個別の対応に追われてしまうと、さっと切り替えて部屋で待っていた子どもも、落ち着かない雰囲気が気になって徐々に

影響を受けてしまう場合もあります。そのまま何となく全体の活動に入るのではなく、必要な個別の対応を終えた後は、クラスみんなで気持ちを切り替えられるような取り組みがおすすめです。

　集団のなかで注意を向けてもらうには、「いま」の活動に注目してもらう必要があります。そこで取り入れたいのが「マインドフルネス」という考えかたです。マインドフルネスとは、過去や未来ではなく「いま」に注意を向けることです。たとえば、友だちとケンカしたことによるイライラや、急に遊びを中断されて見通しが立たなくなったことに対する不安ではなく、いまこの瞬間に意識を向けます。

　マインドフルネスにはさまざまな方法がありますが、その一つであるマインドフルネスヨーガは、ゆっくりとした呼吸を意識しながら身体を動かす活動です。身体でポーズをつくるなどの視覚的な情報を活用することで注目を得やすく、みんなで同じ活動を一斉に行うことができます。幼児期の子どもは、言葉で「集中して」「落ち着いて」と言われても、いまに注意を向けることを頭で理解することはむずかしいかもしれません。いまやるべきことに注目して集中したり、深呼吸をして落ち着いたりすることで、スムーズな切り替えをうながすことができます。楽しく取り入れるために、動物や植物のポーズを行うとよいでしょう。

① 木のポーズ

① 気をつけの姿勢で立つ。

② 片足で立つ（幼児期の子どもはバランスをとることがむずかしい場合もあるため、片足を少し浮かせるだけでもよいでしょう）。

③ 手のひらを合わせて腕を上に伸ばす。

④ 呼吸をしながらバランスをとる。

＜木のポーズ＞

① 「両足をぴたっとそろえて立つよ」

② 「片方の足をあげられるかな？」

③ 「手を合わせて、にょきにょきにょき、葉っぱが生えてくるよ」

④ 「木になって、しずかに立つよ」

② 猫のポーズ

① 両手と両膝をつく。

② 息を吐きながら背中を丸める。

③ 息を吸いながら背中を下げる。

　背中を下げた後、できれば顔を上げる。

④ ①から③を3〜5回くりかえす。

＜猫のポーズ＞

① 「先生のまねっこ！
　両手と両膝ついて」

② 「息を吐いて背中を丸めるよ、
　はぁーっ」

③ 「息を吸って背中を下げるよ、
　すーっ。先生に、お顔を見せて」

④ 「もう1回、いくよ〜」

③　亀のポーズ

① 　座って、両膝を立てる。

② 　足を腰幅に開く。

③ 　手を足の下からくぐらせる（むずかしければ、足と足の間に置いてもOK）。

④ 　両膝を少し開き、上半身を足と足の間に入れる。

＜亀のポーズ＞

第 6 章

集団のなかで気づく「ストレス場面別」対処法

■ 実際の対応例

　5歳児クラスの担任のともこ先生は、子どもたちに「まねっこできるかな」「猫さんになるよ」など、子どもにわかりやすい形で声をかけるように心がけました。また、ポーズが正確かどうかにはこだわらず、その子どもができる動きのなかで無理をせずに取り組むことを大切にし、「みんな集中してるね」「ゆっくり呼吸できているね」など、できているところ、がんばっているところを中心にフィードバックをしました。そうすることで、子ども自身が、自由遊びから切り替えられた経験や、いまの状況を自覚できるようにうながすことができました。

　ともこ先生は、翌週に予定されている保護者参観の企画として、親子で一緒にマインドフルネスヨーガを実践する機会をつくるのもよいと考えています。園だけでなく、家庭での取り組みをうながすことで、子どもも保護者も保育者も、みんなでストレスへの対処法を身につけることができるようになることを期待しています。

チェック ✔

- ☐ 視覚的に保育者に注目することによって、自由遊びからの切り替えをうながす。
- ☐ 激しい運動や息の上がる活動ではなく、「ゆっくり」「のんびり」「しずか」をイメージできる動物や人、物のまねをする。
- ☐ ゆっくりと身体を動かすことで、呼吸が整い、リラックスできる！

18 自分に合った対処法を探して実際にやってみる ：コーピング

事例場面

　園では毎年、5歳児クラスの卒園の時期が近づいてくると、小学校へのスムーズな移行を意識して過ごすようにしています。今年も5歳児クラスには、気になる子どもが何人かいて、先生たちは、小学校で楽しく過ごせるかどうか心配しています。

　小学校への引き継ぎの際には、基本的に知的能力や生活能力などのほか、課題となる行動への対処方法を中心に伝えることになります。このときに、園では困ったときには、子ども自身の力を生かして対応できるようになることをめざして取り組んでいることも共有しています。就学後には、小学校の先生と子どもたちが、共通認識をもって、困った場面に対応できるよう、子ども自身にも、「こんなときどうすればよいか」を理解してもらおうと取り組んでいます。

■ 問題の整理

　進級や進学に伴い、環境や担任の先生が変わることにより、これまでできていた適切な行動や、本人なりにとっていた困った場面での対処法が、うまくいかなくなってしまうことがあります。特に、幼児期の子どもたちは、「困っていることがあったけれど、先生と話して解決した」「元気がなかったけれど、好きな本を読んだから楽しい気持ちになった」などの行動を意図して行っていることは少なく、何気なく先生に話したり、好きなことをしたりしていることが多いです。また、困っている、元気がない、といったストレスへの対処法は、子どもによって効果があるものは異なりますし、同じ子どもでも状況や場面によって異なります。さまざまな場面を想定し、それに対するさまざまな対処の方法があることを理解できるとよいでしょう。

　進級や進学に伴う申し送りでは、その子どもの問題や課題となる行動と、周囲がどのように対応するかに焦点があたることが多くなりがちです。しかし、その子どもにとって、どのようなことができればより生き生きと過ごせるのかを考えていくことも大切です。そして、少しずつ、子どもがストレス場面への対処法を自ら選択し、実践できるようになることをめざしましょう。

■ 実際の対応例

　5歳児クラスでは、小学校に入ったらどんなことがあるのかをシミュレートする活動を行いました。そのうえで、「こんなとき、どうする?」というクイズを用いて、困ったときや元気がないときの対処法を選択するワークを行いました。

　担任のともこ先生は、子どもたち一人ひとりに、図6-15のような「もんだいカード」と「かいけつカード」を用意しました。そして、「もんだいカード」に書かれている場面について、「こんなとき、どうする?」とクラス全員に問いかけながら、「かいけつカード」を選ぶように伝えました。

図6-15 「もんだいカード」と「かいけつカード」

＜もんだいカード＞

じゅぎょうで
わからないことがあった！
どうする？

ともだちとケンカして
イライラする。
どうする？

ともだちとあそびたい。
どうする？

がんばったら
つかれちゃった。
どうする？

＜かいけつカード＞

せんせいにいう

しんこきゅうをする

かめのポーズで
リラックスする

ともだちにこえをかける

第6章　集団のなかで気づく「ストレス場面別」対処法

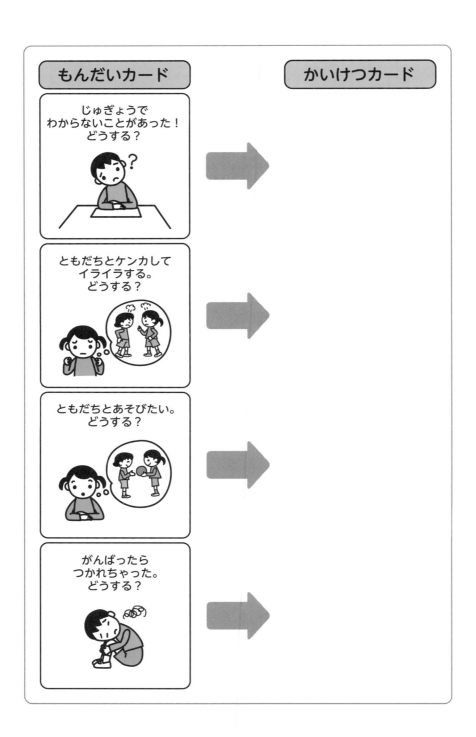

　みのるくんは、「じゅぎょうでわからないことがあった！　どうする？」という「もんだいカード」に対して、「せんせいにいう」の「かいけつカード」を選びました。このかちゃんは、同じカードに対して、「ともだちにこえをかける」のカードを選びました。さきちゃんは、「ともだちとケンカしてイライラする。どうする？」のカードに対して「しんこきゅうをする」のカードを選び、ひろくんは「せんせいにいう」のカードを選びました。この取り組みを通して子どもたちは、対処法には唯一の正解があるのではなく、さまざまな方法があるということが理解できました。

　これらのワークを終えた後、「今日考えたことを、困ったときや元気がないときにやってみてね」と伝え、1週間の終わりの日に「困ったときにしたこと」「元気がないときにしたこと」を子どもたちにインタビューしました。ともこ先生は話を聞いて、「それいいね！」「またやってみてね！」と自覚をうながしながら励ましました。

チェック ✔

- □ 事前に、子どもと一緒に「こんなとき、どうする？」の場面（小学校に行ったらどんな場面がありそうか）をシミュレートしておく。
- □ 子どもが「困ったときにこうすれば解決する」という行動を意図的に行えるように、普段の生活のなかでフィードバックする。

ミニワーク ▶ 小学校ではどんな場面がありそう？

　小学校に入ったらどのような場面があるか、具体的にイメージしてみましょう。そして、子どもが園でできていることで、小学校でも活用できそうなことを、いくつかあげてみましょう。

　例：トイレに行きたいときは先生に言う、何をするかわからなかったらとなりの友だちに聞く、発表会で緊張しているときは深呼吸をする　など

園での様子や対応を保護者と共有する

① 子どもの成長を支えるという目的を共有しよう

　園生活における子どもの様子を保護者と共有したり、家庭での子どもの様子を保護者から聞いたりすることには、さまざまなメリットがあることが知られています。なかでも、いちばんのメリットは、保護者と保育者が、同じ目標に向かって子どもを支援し、子どもの成長を支えることができる点です。たとえば、園でお絵描きや工作が好きな様子が頻回に見られる子どもに対して、保育者は、手先の器用さをより高めるようなかかわりをするかもしれません。しかし、保護者はもっと外で身体を動かして遊んでほしいと思っている場合もあります。保育者と保護者の考えかたは、いずれも「子どものため」という点で共通しているにもかかわらず、向かう方向が大きく異なってしまう可能性も出てきます。このような状況は、子どもを混乱させてしまい、子どもが必要な経験を積み重ねづらい、子どもに負担がかかるなど、子どもの成長にとってデメリットになりかねません。このような状況を避け、子どもにとって適切な協働体制を整えるためにも、まずは適切な情報共有が必要であるといえます。

　保護者は、子どもが園で「がんばった」「できた」という経験をした際の様子については、どんな小さなことでも知りたいものです。また、家庭で「がんばった」「できた」を経験したときに、その様子をていねいに聞くことで、保護者の努力や苦労をねぎらうだけではなく、その課題をクリアしたときに用いた工夫を共有することができ、別の課題や同じところでつまずいているほかの子どもの支援へのヒントになるかもしれません。このような観点から、本章では、園での子どもの姿を保護者と共有する意義とその方法を確認していきます。

■ ①家庭では困る場面はないととらえている保護者

　2歳児クラスのあつとくんは一人っ子で、3歳の誕生日を過ぎたところです。まだ意味のある言葉が出ていませんが、身振りや「あ、あ」と言って何かを伝えようとする様

子が見られます。身体の使いかたや手先の動きには不器用さがあり、スプーンを上手に持つことがむずかしく、ご飯をスムーズに食べられない姿が見られます。少し前までは、担任のゆか先生のサポートを受け入れていましたが、最近は自分でやりたいのにうまくできない、という思いから持っているスプーンを投げて怒ることが増えてきています。先生は、あつとくんの手をしっかり持って「大丈夫」と伝え、気持ちを落ち着かせ自分のペースでできるようにしています。

　一方で、保護者は「この子はちょっとゆっくりかな。でもこの子なりに成長しているので見守っています」と話しています。いまは、家庭で保護者が対応に困ることはないようです。

■ ②特定の話題を避けようとする保護者

　5歳児クラスのこのかちゃんはおしゃべりが上手で、自分の意見がしっかり伝えらえます。一方で、思いどおりにならなかったり、自分の考えと異なる状況になったりすると、不安になり、その場でじっとうずくまる姿が見られます。気分を切り替えるまでに時間がかかり、集団活動や遊びに戻れなくなってしまうことが多くなっています。

　担任のともこ先生は、うずくまってしまうことを少なくするために事前に見通しを伝え、それでも動けなくなってしまったときには落ち着くのを待って不安な気持ちを受け

止め、このかちゃんと改めて状況を確認しています。家庭でも困ることがあるのではないかと先生は感じているのですが、保護者は「うちの子は頑固なところがあるから」と話し、うずくまってしまった話をすると、この話題を早く切り上げようとしたり、「調子が悪かったのかな」とあまり深く話したくない様子です。

■ ③子どもに対する理想が高い保護者

　4歳児クラスのだいきくんは、きょろきょろとまわりを見ながら過ごすことが多く、遊びを転々としています。担任のゆきえ先生にかかわってもらうことが大好きで、先生がいる遊びに入ってくることが多いです。人数が増えて思いどおりにならないと友だちを押したり、乱暴な言葉を言ったりすることがあります。先生に注意されればすぐに謝ることができるのですが、その後はしゅんとして気持ちが沈んでしまうようです。ゆきえ先生は、だいきくんは一緒に遊ぶ友だちが4人以上になるとイライラしやすいことをふまえて、人数が増えてきたらだいきくんを違う遊びに誘ったり、手伝いをお願いしてその場から少し離れるようにしたりするなどして、だいきくんのイライラがたまらないようにしています。

　ゆきえ先生は、だいきくんは保護者から言葉で言い聞かせられる場面が多いように感じています。保護者はだいきくんに愛情をもって接しているのですが、「こんなふうに

育ってほしい」という理想が高いようです。先生は保護者にだいきくんの姿をどう伝えるか悩んでいます。

■ 問題の整理

① 共有する目標を検討する

　子どもが向き合っている課題や成長のプロセスのなかで、いま最も大事だと考えることが、保育者と保護者とで異なる場合があります。そのため目標を「共有する」ことが重要です。このとき、「保育者と保護者が同じ視点で子どもをとらえる」ことが理想かもしれませんが、それぞれに事情があり、理想どおりにはいかないこともあります。保護者の「目標」が子どもの姿とかけ離れていたり、保育のなかで実践することがむずかしいかかわりかたを求められたりする場合もあります。そうすると、保育者のストレスが大きくなり、保育にも影響が出るかもしれません。したがって、保護者と保育者で目標が異なる場合は、「いまの状況で保護者と共有できる目標」を検討しましょう。担任だけでなく、その子どもにかかわる複数の保育者で検討することができるとよりよいでしょう。保護者が子どもをどのように理解しているのかをふまえ、子どもの姿や目標を保護者と共有することが大切です。

表7-1 共有する目標の例

共有する視点	①あつとくん	②このかちゃん	③だいきくん
園での子どもへのかかわり	気持ちを落ち着かせる声かけ	不安を生じさせないための事前の工夫と、自分で落ち着くことができるようなかかわり	イライラが大きくならないような環境の工夫
保育者が保護者に伝えたいこと	あつとくんの成長のために、保育者（園）と保護者のかかわりかたを統一したい	就学に向けて、保護者に集団生活におけるこのかちゃんの困りごとを知ってもらいたい	だいきくんの思いを受け止めてもらう機会をつくりたい
保護者のとらえかた	発達がゆっくりだとは思っているが、心配したり気にしたりする様子はない	このかちゃんの特性を何となく理解はしているが、深くふれられたくない様子	言い聞かせれば何でもできると思っている様子
保育者（園）と保護者で共有したい内容（理想）	過度に心配する必要はないが、いまのあつとくんの姿を伝え、必要な支援を共有したい	このかちゃんの特性を理解し、不安を低減させることを保護者も一緒に考えてもらいたい	だいきくんの思いを受け止めて、そのままの姿を認めてもらいたい
保育者（園）と保護者でいまの状況で共有できる内容	発達がゆっくりであるため、個別に支援していることを知ってもらう	うずくまることでこのかちゃんの学びの時間（遊びや集団参加）が減少していることを伝える	だいきくんに肯定的な声をかけてもらう

② 共有する目的を伝える

　子どもの姿を保護者に伝えることは、「熱が少しあったので、念のためプールは見学しました」「お友だちと協力してつみきのお城をつくっていました」など、子どもの体調や活動について報告するのと同様に、子どもの「いまの状況」を共有するために必要です。現在では、保護者自身も、書籍やインターネット等を通じてたくさんの情報を得ていることが多く、特に子どもの発達や育ちには敏感な保護者もいるため、保育者からの言葉の受け取りかたもさまざまです。だからこそ、子どもの姿を共有する目的は、子どもについて問題意識をもってもらうことではなく、子どもの適切な経験や育ちをうながすことであると伝えることが大切です。

　保護者との情報共有の際には、子どもが「できたこと」「がんばったこと」「喜んでい

表7-2 伝えかたの例

ネガティブな伝えかた	ポジティブな伝えかた
あつとくんがイライラしていたので、「大丈夫よ」と声をかけて落ち着いてもらいました。	あつとくんは自分でがんばりたい気持ちが出てきたので、「大丈夫よ」と声をかけて応援したところ、最後までがんばってくれました。

たこと」「楽しんでいたこと」など、ポジティブなことをたくさん共有できると、保護者がうれしく思うだけではなく、園や保育者に対する信頼感にもつながります。子どもが困っていることや配慮が必要なことを伝える場合には、子どもの気持ちや状態に加えて、そのときに保育者がどのようにかかわったのかも共有するとよいでしょう。毎日の送り迎えのときなどに、ちょっとしたことでも子どもの姿を伝えることで、面談などじっくり話す機会での理解が深まることもあります。

③ 「聞く」ことも共有につながる

保育者から伝えるだけでなく、保護者の話を聞くことも子どもの姿の共有につながります。保護者から家庭での子どもの様子を聞き、「園と同じ姿」「園と異なる姿」「保護者が困っていること」などを把握することは、表7-1の「保育者（園）と保護者でいまの状況で共有できる内容」を設定する際に役に立ちます。

保育者は、普段の保護者とのコミュニケーションのなかで子どもの姿を共有し、ともに子どもの成長を喜んだり、大変なことをねぎらったりして保護者との関係を築いていきます。「園と異なる姿」を伝えられた際には、保護者のとらえかたによって子どもの姿が違って見えるのか、それとも子どもが園と家庭とで見せる姿が違うのかを把握し、それぞれの理由を考えてみるとよいでしょう。

　また、保護者から困っていることを伝えられた際には、支援のチャンスととらえることができるかもしれません。保護者の困りごとが、保育者が保護者と共有したいことと同じであれば、「おうちではどうされていますか？」といった質問を入り口に保護者と子どもの姿を共有することができます。一方で、保護者の困りごとと保育者が保護者と共有したい内容が異なる場合（たとえば、園では自分の思いがうまく伝えられず、つらそうな子どもに対して個別にかかわっていることを共有したいけれど、家庭では「字が読めない」「ワークをいやがる」といったことに困っていると保護者が言う場合など）は、相手を理解する機会ととらえ、伝えかたの工夫を検討していきましょう。保護者の考えかたやとらえかたを変えようとする必要はありません。

　また、保護者から子どもや子育てについて過度な不安や心配ごとが話されることもあります。その場合は、解決策を提案することよりも気持ちを理解することを優先しましょう。安易に「心配ないですよ」「大丈夫ですよ」と伝えるよりも「そう思っていらっしゃるのですね。園でも注意して様子を見ていきます」などと伝えると、保護者の気持ちの安定につながります。まずは保護者も保育者も落ち着いたうえで保護者の不安について具体的に確認していくとよいでしょう。たとえば就学後の不安、対人関係の不安、学力面の不安など、具体的な内容を確認していくことで、園と家庭で連携したり分担したりして、どのように子どもを支えていくかについて検討することが可能になります。

　このように、保護者の話を「聞く」ことが子どもの姿の共有につながり、さまざまな重要な情報を得ることにつながります。保護者と共有した内容については、保護者の了解を得て保育者の間で共有しておくことも重要です。

チェック ✔

- ☐ 園での様子を伝え、家庭での様子を聞くことで、保護者がどのように子どもをとらえているのかを把握する。
- ☐ 伝えかたを工夫することで、保護者とより良好な関係を築くことができる！

② 保護者と役割分担をしよう

　「今日は体操を一生懸命がんばっていたので、おうちではたくさんほめてあげてください」「今日はたくさん歌の練習をしたので、おうちではゆっくり過ごせるとよいかもしれません」などといったコミュニケーションは、日常的に見られる家庭と園での役割分担の例といえるでしょう。

　保育者にとっては、保護者との役割分担は特別なものではないはずです。時には、保護者に「お願い」という形で役割を担ってもらうことも円滑な役割分担のためには有効です。その場合には、家庭にはほめたり、はげましたり、すでにできることを確認するといった役割を担ってもらうことで、保護者のストレス軽減にもつながることが期待できます。子どものプラスの面を見ることで子どもの成長に安心できるためです。保護者が役割を実践してくれた結果として、「子どものうれしそうな姿」を保護者に伝えられるとよいでしょう。役割分担をすることで、保護者だけでなく、子どものストレスの軽減につながることも考えられます。ここでは、「ほめるためのツール」の具体的な活用について見てみましょう。

■「お友だちと楽しく遊べてうれしいカード」の活用

　4歳児クラスのあおいくんは、とても元気で外遊びが大好きです。園では友だちとケンカをすることもありますが、ケンカの理由を説明したり、自分が悪かったときには謝ったりすることができます。担任のゆきえ先生は「元気いっぱいの男の子」ととらえています。

一方で、あおいくんの保護者は、友だちとのケンカをとても気にして、家庭でもケンカをしないように言い聞かせたり、少し乱暴な言葉づかいをすると注意したりすることが多いようです。あおいくんは、友だちとのケンカが解決した後も「ママとケンカしないって約束したのに、怒られる…」と言って落ち込む姿が見られました。保護者はお迎えのとき、必ずケンカをしなかったかどうかを確認し、ケンカがあったことを報告すると、「家で言い聞かせているのに、園でのケンカがなくならないんですね…」と言います。ゆきえ先生は、これまでもケンカは特別なことではないと伝えていましたが、それでもあおいくんの保護者はとても気にしているので、伝えかたを変える必要があると感じていました。

　ケンカをしても友だちと楽しく遊べることが、子どもの育ちには重要です。そこで、ゆきえ先生は「ケンカをすること」ではなく「楽しく遊べること」に注目してもらうために、「お友だちと楽しく遊べてうれしいカード」をつくり、家庭でそのカードを見せて、がんばったことをほめてもらうことを考えました。あおいくんに対して個別に取り組むことも考えましたが、クラス全体で子どもたちがお互いに楽しく遊べていることを確認し、それを保護者とも共有したいと考え、クラス全員で取り組むことにしました。帰りの会で「今日は楽しくお友だちと遊べた人？」と尋ね、手を挙げた子どもの「お友だちと楽しく遊べてうれしいカード」にスタンプを押すことにしました。保護者には、

図7-1　園と家庭の役割分担

クラスだよりを通じて子どもが「お友だちと楽しく遊べてうれしいカード」を持って帰ることを知らせ、カードを持って帰ってきたら「楽しく遊べてよかったね」などと一緒に喜び、子どもをほめてもらいたいと伝えました。そしてあおいくんの保護者には、あおいくんが「お母さんにほめてもらえてうれしかった」と報告してくれたことを伝えるなど、意識的に「お友だちと楽しく遊べてうれしいカード」を話題にしました。

　しばらく続けると、クラス全体でケンカが減っていきました。あおいくんもケンカが原因で落ち込む機会が減り、以前よりいきいきと遊ぶ姿が見られています。あおいくんの保護者がケンカの有無を聞くこともなくなり、笑顔でお迎えに来ることが増えました。

■ 子どもへのかかわりかたの提案

　2歳児クラスのみいちゃんは、言葉の数がまだまだ少ないようです。まわりからのはたらきかけに笑顔で応じる姿はありますが、一人遊びをしていることが多く、自分から保育者や友だちにかかわることはあまりありません。担任のゆか先生はみいちゃんの遊び相手をしたり、手遊びやふれあい遊びなどみいちゃんが笑顔になる遊びを探したりしています。そのうちみいちゃんは、喜んでゆか先生と片手タッチをするようになりました。

　みいちゃんの保護者はみいちゃんの言葉が少ないこと、「おはよう」や「バイバイ」ができないことをとても気にしています。降園時、保護者は「みいちゃん、先生にバイバイして」と声をかけ、みいちゃんが何かするまでなかなか帰りませんが、みいちゃんは、早く帰りたくてバイバイをするどころではないようです。保護者は一生懸命にみいちゃんにかかわっていますが、みいちゃんは応じにくいように見えました。そこでゆか先生は、みいちゃんが上手にできるようになったタッチで「バイバイ」のやりとりができるようにしようと考えました。降園時、ゆか先生は「みいちゃん、バイバイ、タッチ」と声をかけ、みいちゃんがタッチしてバイバイを返してくれると、「上手にバイバイしてくれました！」と保護者に伝えました。さらに「みいちゃん、パパとタッチ」とうながし、保護者ともタッチをするうれしさを共有しました。次の日からは、保護者も

みいちゃんに「バイバイ、タッチ！」と声をかけてくれるようになり、みいちゃんも得意のタッチであいさつをして、降園がスムーズになりました。

図7-2 保育者と保護者の役割分担

保育者と保護者との役割分担の効果は、子どもの成長をうながすことはもちろんですが、それだけではありません。あおいくんの保護者は、あおいくんのことをたくさんほめられるようになり、親子の関係を安定させることにもつながりました。また、みいちゃんの保護者は、みいちゃんとのかかわりかたをゆか先生から学んでいます。そのほかにも、保護者との役割分担のアイデアをたくさんもっておくとよいでしょう。

チェック ✔

- ☐ 保護者ができる役割を見つけよう！
- ☐ 役割分担のためには、子どもとのかかわりかたのレパートリーを増やすことが大切！

③ 「子どもをみんなで育てる」関係づくり

「今日は○○ができるようになりましたよ」「○○に怒っていましたが、そんな姿を見て、お兄ちゃんになったなと思いました」など、保護者にとって保育者から子どもの成長を教えてもらうことは大きな支えになります。「おかえりなさい」と声をかけられ、子どもの姿を伝え合う時間は、保護者にとってほっとできる時間になると思います。

　子どもは保護者だけで育てるのではなく、保育者や、地域のさまざまな人が一緒に育てていくことが望まれます。「子どもをみんなで育てる」というときの「みんな」には、具体的にどのような人が考えられるでしょうか。

① 保護者

　いちばんに思いつくのは保護者ではないでしょうか。これまで紹介してきたとおり、保護者とのコミュニケーションは、子どもを育てる土台となり大きな指針となります。

② 保育者

　園の保育者みんなで子どもを育てるということは、保育者にとってはあたりまえかもしれませんが、とても大事なことです。となりのクラスの保育者も子どものことを知っている、担任ではない保育者も子どもの変化に気づいてくれるという環境は、保育者の安心感につながります。職員室で保育者同士が子どもたちの成長に驚き、喜び合う様子を見たことがありますが、園全体を包む温かい雰囲気は、子どもの育つ環境としても欠かせないものだと感じます。

③ 地域のサービス

　各自治体では、さまざまなサービスを提供しており、関連する情報が園にも寄せられます。対象は子どもだけではなく、保護者のためのサービスもたくさんあります。これらの情報をすべて把握する必要はありませんが、どうすればこれらの情報に保護者がアクセスできるかを知っておくことも、「みんなで育てる」ことにつながります。

第7章　園での様子や対応を保護者と共有する

また、地域の乳幼児健康診査も、子どもや保護者にとって重要な地域サービスです。心配なことや気になることがある場合は、相談を提案してみてもよいでしょう。

④ 関連機関や専門機関

子育て支援センターや児童発達支援センター（療育センター）、医療機関などの専門機関も子どもを育てる「みんな」の一員です。保育者にとっては専門機関はなじみがないと感じることがあるかもしれません。しかし、子どもを中心として、子どものことを考える仲間として、情報共有ができることが望まれます。保護者を通じて専門機関と情報共有をしたり、保護者の承諾を得て、関連機関や専門機関と直接やりとりできたりすると、より子どもの園生活が充実することにつながります。専門機関へのつなぎかたの詳細は第8章を参照してください。

■ 保育者みんなで同じ方針でかかわる

3歳児クラスのかいくんは、進級後の新しい環境に慣れないようで、朝の会の時間になるとふらりと部屋から出て、廊下や年下のクラスの部屋に行くことが増えています。担任のみつお先生は、かいくんに教室から出ていく理由を聞いてみましたが、かいくん

はまだ上手に伝えられません。みつお先生はかいくんに、先生は怒っているわけではないこと、何か理由があると思っていること、部屋に戻ってきてくれるとうれしいことを伝えました。同時に先生は、かいくんが部屋から出ていくことを無理に止めず、かいくんが部屋を出ていく理由を探ろうと考えました。

　みつお先生は２歳児クラスのときの担任のゆか先生に状況を伝えて相談したところ、職員会議で共有しておいたほうがよいと助言をもらいました。みつお先生は、廊下で掲示物を見ているかいくんに声をかけてくれるフリーの先生にも状況を伝え、タイミングを見て部屋に戻るようにうながしてほしいと依頼しました。

　後日、かいくんの保護者が、登園時に「部屋から出たらダメだよ」とかいくんに言い聞かせている姿を見かけたフリーの先生は、かいくんの保護者に、廊下に出てきたときには掃除を手伝ってくれたり、年下の子どもの面倒を見たりしていること、また、声をかけるときちんと部屋に戻ることができていることを伝えました。そして、フリーの先生は、担任のみつお先生に保護者とこうしたやりとりがあったことを伝えました。みつお先生は、降園時にかいくんの保護者に少し時間をとってもらうよう依頼し、かいくんのいまの状況と、これは新しい環境に慣れるために必要な時間であることを伝えました。かいくんの保護者は「教室を出てしまう」という話に驚き、どうすればよいかと不安を抱いていたが、フリーの先生も担任のみつお先生も肯定的に受け止めてくれているため安心した、と話してくれました。しばらくするとかいくんは朝の会のやりかたを理解し、少しずつ部屋から出ていくことが減っていきました。

　このエピソードのように園内での子どもの姿を共有することは、とても大切です。「子どものために必要なこと」と改めて意識し、子どものよいところも、少し困っているところも含めて、いまの姿を共有することをめざしましょう。

■ 就学に向けて専門機関とつながる

　５歳児クラスのさきちゃんはこだわりが強く、まわりのペースに合わせた生活がむずかしいことがあるため、保護者と相談してサポートの先生がついています。さきちゃんの保護者は、園での生活についてはサポートしてくれる先生や担任のともこ先生の手助

療育機関の
資料です

けもあり、安心しています。一方で、さきちゃんの発達について専門機関に相談することには消極的です。園では、就学を見据えて、さきちゃんの「理解者（サポーター）」を増やすためにも療育施設や相談機関につながるとよいのではないかと考えています。

　これまで、さきちゃんへのかかわりについては、園と保護者が定期的に話し合い、進めてきました。そのなかで、さきちゃんの保護者は、就学後にさきちゃんがうまくやっていけるのか、またこのような相談は誰にすればよいのかといった不安を話してくれました。そこで、担任のともこ先生は、さきちゃんの理解者を増やすという意味で、さきちゃんが就学後に過ごせる場所や相談機関を探してみることを提案しました。保護者は療育施設などの専門機関について詳しく知らなかったようで、ともこ先生の話を聞いて、さきちゃんと保護者自身のために相談に行くことを決めました。

　さきちゃんは、在園中に療育施設に通うことになったため、施設の職員が園と小学校との橋渡し役となり、情報共有や引き継ぎをスムーズに行うことができました。さきちゃんは、小学校での新しい環境に慣れるまで少し時間がかかりましたが、放課後は通い慣れた施設でのびのびと過ごせたことで、大きなストレスもなく小学校生活に適応していきました。また、保護者も小学校とのやりとりや宿題への取り組みかたなどについて施設の職員と相談することができ、過度に不安になることなく、さきちゃんの小学校生活を見守ることができました。

　専門機関を紹介する際は、保護者のタイミングを大切にします。保護者は、就学相談について「実際のところがよくわからない」という不安を抱いていたり、「相談すると、有無を言わさず特別支援学級への進学を決められるのではないか」と誤解していたりする場合が少なくありません。積極的に相談をうながすのではなく、折を見て情報を提供することが大切です。

　保護者への対応のしかたは、保護者の性格や年齢（世代）、考えかたなどに応じて個別に検討することが求められます。共有する内容、方法、タイミングやその時々の目的については、複数の保育者で検討するとよいでしょう。一人の保育者による独断や無理は禁物です。子どもの生活の向上や成長のために必要なことをさまざまな立場の人と一緒に考えていくことが大切です。

　「子どもをみんなで育てる」ということの先には、子どもの健やかな育ちと保護者や保育者の心身ともに健康な生活があると考えられます。

チェック ✔

- ☐ 保護者に一人ではないこと、みんなで子どもを育てていることを伝える。
- ☐ 専門機関については保護者のタイミングを大切にし、情報提供から始める。

ストレスに対処する目的

　泣く、職員室に逃げ込む、足をドンドン鳴らすなど、自己中心的にも見えるようなストレスへの対処法は、まわりの人に迷惑をかけたり、将来、本人が困ったりすることはないかという質問を受けることがあります。ストレスへの対処という観点では、まずはストレス反応が低減されることをねらいとして、対処法を身につけたり実行できるようになることを考えます。その後、ストレス反応のレベルが一定まで下がってから、同じような効果が期待でき、かつ社会的にも望ましい対処法（してほしい行動）に置き換えていくことになります。したがって、まずは子どもが身につけたストレスへの対処法を「試みる」ことをサポートし、うまくいった方法をたくさん蓄積できるとよいでしょう。

　また、長期的な効果をねらうためには、たとえばケンカをしてしまった子どもに対して、「ごめんなさいって言うんだよ」と問題解決のための「答え」を教えるのではなく、「どうすればいいと思う？」「○○くんは、お友だちになんて言われたらうれしいかな？」といったように、徐々に「答えの出しかた」を教えるような支援に変えていくことができると理想的です。

STEP 3

子どもを守る 「環境」をつくろう

専門機関との連携のポイントは？　保護者や保育者のストレスへ
の対処法は？　子どものストレス状況は、園や家庭だけでは対応
できないこともあります。強いストレスを感じている子どもに対
しては、適切に相談機関につなぐことも必要です。STEP3では、
専門機関との連携のポイントのほか、保護者や保育者など、子ど
もにかかわる大人のストレス対処法など、子どもを守る「環境」
のつくりかたを紹介します。

1 学年や園全体でかかわる

　子どもが保護者と離れた場所で、はじめて経験する社会が保育所や幼稚園、認定こども園になるでしょう。園は、家庭とは異なり、集団生活の場です。また、はじめて子育てをする保護者にとっては、子どもを通してかかわるはじめての環境になることが多いでしょう。このような「はじめての環境」を経験する子どもや保護者とかかわる時間が最も長いのが、保育者といえるかもしれません。

　日々の保育を通して、子どもや保護者の言動から、「この子は少し心配だな」「少し様子が変わったな」「これは保護者に伝えていいのかな？」などと感じたことはありませんか。また、保育者の悩みの一つに職場の人間関係もあるかもしれません。新人指導に悩んでいる保育者、ベテランの先生や園長先生との付き合いかたに悩んでいる新人の保育者、業務量の多さや子どもへのかかわりかたに悩んでいる保育者など、それぞれの立場によってさまざまな悩みがあると思います。ほかの保育者に質問をしたいことや伝えたいこともたくさんあるけれど、忙しくて相談できないという悩みもあるかもしれません。保育者同士の連携がとれていないまま仕事を進めることで悪循環となるケースは多くあります。

　子どものいまと未来を支えるための大事なプロセスとして、保育者が保護者と連携するときには、「一人の判断で動かず、学年、園全体などチームでかかわる」ことが大切です。保護者や保育者それぞれが一人で悩み、判断するのではなく、子どもを守り支えるチームとしてともに進めることが何より大切です。

　まずは、①日頃から保護者とていねいにかかわること、②日頃から一人ではなく複数の保育者で子どもを観察すること、③保護者、保育者、園長先生などそれぞれの役割を互いに理解しておくことの３つが大事になるでしょう。日頃から、園と家庭それぞれで見せる子どもの姿を観察し、共有できる関係を築いておくことで、子どもはどちらの環境でも安心して過ごすことができ、また、何かトラブルが起きたときには、互いに相談

できるようになります。さらに保育者は、子どもだけではなく保護者の言動も観察しておくようにしましょう。

チェック✓

☐ 一人の判断で動かず、学年や園全体などチームでかかわる。
☐ 日頃から子どもの姿を観察し、保護者と共有できる関係を築くことで、子どもは安心して過ごすことができる！

② 園のなかで解決の見通しが立つのか、園では対応がむずかしいのかを判断する

　子どもや保護者の言動に対して、園としてどのように対応するかはとても重要です。保育者には、家庭とは異なる集団生活だからこそ見えてくることがたくさんあるでしょう。子どもの発達の特性に気づくことも少なくありません。園では、同世代の子ども同士で遊具を順番に使う、勝ち負けのあるゲームをする、いやなことがあったときにそれを言葉で伝えたりがまんしたりするなど、家庭では経験できないことが多くあります。これらの経験に慣れるまでに時間がかかったり、時には子ども同士がぶつかり合ったりすることもあるかもしれません。ほかにも、子どもが悩みや不安などのストレスを感じると、さまざまな症状や変化が身体や行動・感情面にサインとして表れることがあります（表8-1）。

　子ども同士がぶつかり合ったり、ストレスが身体面や行動面、感情面に表れたりしたときには、園のなかで解決の見通しが立つのか、それとも園では対応がむずかしく早期に専門機関へつなげる必要があるのかを判断する必要があります。この判断ができたら、基本的には「保育者同士の共有・園内での連携→保護者への報告→医療・福祉・教育の専門機関とつながる→チームで今後について話し合う」という流れで進めていきます（図8-1）（虐待が疑われるケースについてはp163参照）。

表8-1 子どもの不調のサイン

身体面 (子どもの場合、最初に表れやすいサイン)	<睡眠> ・お昼寝の時間や夜に寝つけなくなる ・朝、なかなか起きられなくなる（起きることがつらそうに見える） ・睡眠のリズムが崩れている ・「眠れない」「寝たくない」と言うようになる <食事> ・食欲がない、実際に食欲が減った ・給食やお弁当のときに食べる量が増えた ・特にパンやご飯、お菓子などの炭水化物をほしがる ・急にやせた、太った <体調> ・おねしょやおもらしをする ・身体がだるそうに見える、疲れやすくなる ・腹痛や頭痛などを訴える
行動面 (本人よりも周囲が気づきやすいサイン)	・園に行きたがらなくなる ・園での話や友だちの話をしなくなる ・いつもより甘えてくる ・特定の先生から離れたがらない ・家から出ないで、引きこもりがちになる ・友だちと遊ばなくなる、あいさつをしなくなる ・何度も同じ動作や行動を繰り返すようになる ・気持ちが抑えられなくなり暴力をふるう、暴言を吐く ・何もしないで長い間ぼんやりしている
感情面	・イライラしやすくなる、怒りっぽくなる ・落ち込みやすくなる ・極端に不安がるようになる

出典：厚生労働省「こころもメンテしよう〜ご家族・教職員の皆さんへ〜」

　これまでに築いた保護者との信頼関係のなかで、保護者の思いや家庭での子どもの様子を聞き、同時に園での子どもの様子や行動を保護者に伝えるようにしましょう。このような情報共有をしておくことで、園と保護者の関係性の土台ができて、専門機関とつながる際に、より正確にさまざまな視点を伝えることができるようになります。

図8-1　基本的な連携までの流れ

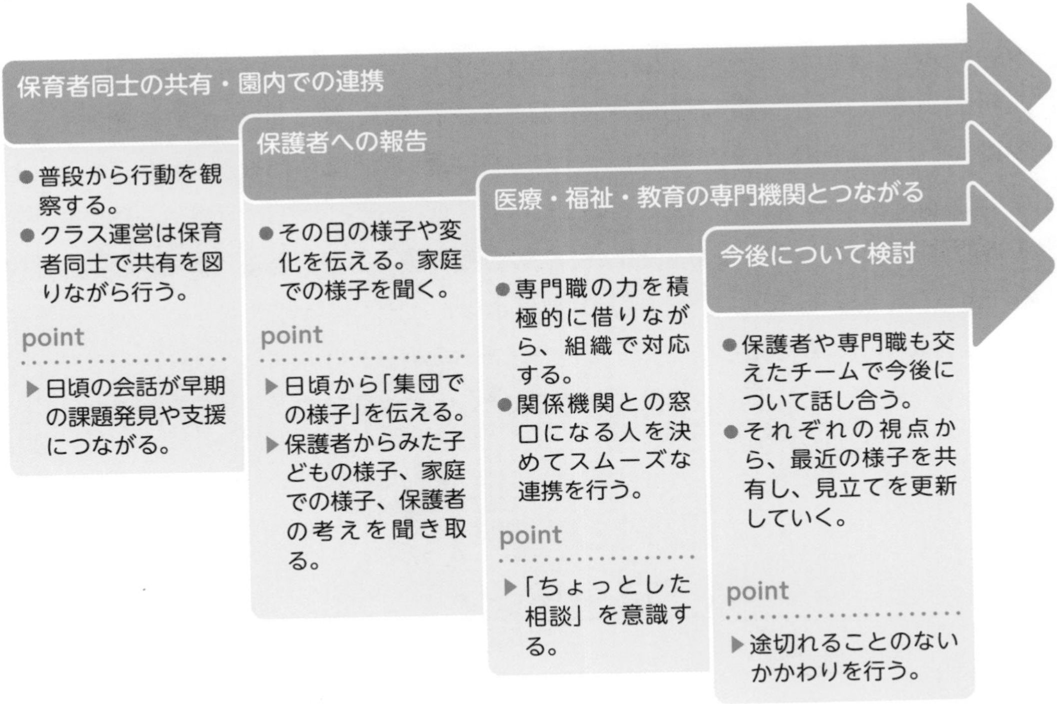

保育者同士の共有・園内での連携

● 普段から行動を観察する。
● クラス運営は保育者同士で共有を図りながら行う。

point

▶ 日頃の会話が早期の課題発見や支援につながる。

保護者への報告

● その日の様子や変化を伝える。家庭での様子を聞く。

point

▶ 日頃から「集団での様子」を伝える。
▶ 保護者からみた子どもの様子、家庭での様子、保護者の考えを聞き取る。

医療・福祉・教育の専門機関とつながる

● 専門職の力を積極的に借りながら、組織で対応する。
● 関係機関との窓口になる人を決めてスムーズな連携を行う。

point

▶ 「ちょっとした相談」を意識する。

今後について検討

● 保護者や専門職も交えたチームで今後について話し合う。
● それぞれの視点から、最近の様子を共有し、見立てを更新していく。

point

▶ 途切れることのないかかわりを行う。

チェック ✔

☐ 子どもや保護者の言動の変化を見逃さないことが大事！

☐ 子どもの不調のサインを把握し、専門機関へつなげる必要があるかどうかをチームで判断する。

③ 「ちょっとした相談」ができる専門機関を探す

　園の先生たちにとっては「ちょっとした相談」ができる専門機関も重要な役割を果たすでしょう。子どもの発達や保護者の心理について気になるサインが見られたときに

は、図8-1のように専門機関の意見をふまえた対応を考えることも必要です。そのような際の相談機関としては、病院や地域のクリニック（小児科・児童精神科）、保健センター、子育て支援センター、児童発達支援センター（療育センター）などがあります。これらの機関には、医師、看護師、保健師、公認心理師、臨床心理士、作業療法士、理学療法士、言語聴覚士、保育士など、子どもの発達に関する専門職が在籍していることがほとんどです。園だけで抱え込むのではなく、普段から子どもの発達や心理に関連する専門機関と連携していると、さまざまな視点から子どもや保護者を支援することが可能です。「気になることはここに相談すればよい」と思える専門機関があると、保育者の安心感にもつながるでしょう。子どもや保護者の相談だけではなく、保育者の仲間同士で悩みを相談し合える機会や集まりをつくることも大切です。

保健センター、子育て支援センター
児童家庭支援センター

児童発達支援センター
（療育センター）

病院・地域のクリニック
（小児科・児童精神科）

保育所・幼稚園等

〈機関に属する専門職〉
医師・看護師・保健師・公認心理師・臨床心理士
作業療法士・理学療法士・言語聴覚士・保育士　など

チェック ✔

☐ 「ちょっとした相談」ができる専門機関を見つけておくことが大切！

☐ 専門機関の存在が保育者の安心につながり、切れ目のない支援を可能にする。

① 子どもや保護者の様子に違和感があるとき

日々の保育のなかで、洋服が汚れている、やけにお腹を空かせている、忘れ物が頻繁にあるなど、子どもの様子に「おや？」と思った経験はないでしょうか。普段の生活のなかで、ちょっとした違和感をもったときはどのように対応すればよいでしょうか。

保育士の役割について、児童福祉法第18条の４では、「保育士とは、（略）保育士の名称を用いて、専門的知識及び技術をもって、児童の保育及び児童の保護者に対する保育に関する指導を行うことを業とする者をいう」と定められています。つまり、保育者には、送り迎えのときの会話、子育ての悩み相談、保育見学や保育参加など、さまざまな機会を通して、保護者を支援する役割があります。

保育者は、送迎時の様子、忘れ物の頻度、身だしなみ、連絡帳のコメントなどを通して、「いつもとの違い」に気がつくことができます。こうした保育者ならではの視点は、子どもや保護者の不調の早期発見や多職種連携において、とても重要です。そのため、日頃から①子どもと保護者の様子をよく観察すること、②園内の保育者や地域の関係機関の役割分担を明確にしておくことの２点を心がけましょう。特に②については、さまざまな役割を一人で抱え込み、保育者自身が疲弊してしまうことを避けるためにも重要といえます。

虐待が疑われるケースについては、一人の保育者や園の努力だけでは解決がむずかしい問題が背景にあることが多いです。「子育てに困っている保護者が、地域や周囲のサポートにつながることができず、虐待に至ってしまったのかもしれない」という視点で、関係機関や地域と連携して、子どもと保護者への支援を展開していくことが重要です。必要に応じて、児童家庭支援センターや家庭児童相談室などと連携を行います。

厚生労働省は、「虐待の発生予防のために、保護者への養育支援の必要性が考えられる児童等（「要支援児童等」）の様子や状況例【乳幼児期用】」として、チェックリスト方式で子どもや保護者の様子・状況を確認し、支援の必要性を検討する目安となる資料

を公開しています。内容としては、①子どもの様子（気になる行動など28項目）、②保護者の様子（子どもへのかかわりなど17項目）、③家族・家庭の状況（サポートの状況など6項目）によって構成されています。早期発見のために活用できるとよいでしょう。

チェック ✔

☐ 多職種連携のために、日ごろから子どもと保護者の様子をよく見ておくこと、園内の保育者や地域の関係機関との役割分担を明確にしておくことが大切！

② 保護者との信頼関係づくりには、日ごろのかかわりが大切

　繰り返しになりますが、保育者には保護者を支援する役割があります。しかし実際には、「子どものために…」という気持ちで保護者にアドバイスをしても、なかなか受け入れてもらえない場合もあるでしょう。

　保育者からの提案やアドバイスを受け入れてもらうには、保護者との信頼関係が築けているかどうかが重要です。保護者と信頼関係を築くためにできることとして、日ごろから保育中の子どもの様子をていねいに伝えることがあげられるでしょう。新たにできるようになったことや楽しく過ごしていた様子などのポジティブな報告は、どんなに些細なことでも保護者にとってはうれしく、温かい気持ちになるものです。加えて、「〇〇ができるようになりましたね！　おうちではどんなふうに取り組んだのですか？」などと、保護者の努力や工夫を引き出すようなやりとりもよいでしょう。

　反対に、何か問題が起きたときにばかり連絡していると、保護者は園から着信があったときに電話に出たくなくなったり、話を受け入れる態勢が整いにくくなったりすることもあります。

　保育者が子どものよいところを見つけやすくするためのヒントとして、「スモールステップ」という考えかたがあります。たとえば、「スプーンを持つ」という動作は、①いすに座る、②机と正面に向き合う、③スプーンを認識する、④スプーンの持ち手を手のひらにあてる、⑤手をグーの形にする（もしくは３本の指で持つ）、⑥腕を動かす、といった細かいステップに分けられます。このように考えると、どの段階ができていて、どの段階でつまずいていて、どの段階にどのようなサポートが必要なのかを明確にすることができます。つまり、この段階はできる回数が増えてきた、今日は新たにこの段階ができるようになった、といった発見もしやすくなるのです。

　また、一方的な指導にならないように、保護者の気持ちを受け止めながら、子どもだけではなく、保護者も支えていく姿勢も大切です。保護者の相談しようとする気持ちを受けとめて、サポートすることが必要になることもあります。送迎時の何気ない立ち話のなかで、保護者の努力や工夫をねぎらうような温かい言葉をかけたり、連絡帳に意図をもってコメントを書いたりすることも重要です。普段から子どもや保護者のよいところを探し、伝えるように意識することで、いざというときにも話を聞いてもらえるような信頼関係を築くことにつながります。

チェック ✔

☐ 保護者との信頼関係を築くために、日ごろから意識的にポジティブな話を共有する。

保護者の不安は具体的に共有し、分担して サポートする

　保育者は、保護者から子どもとのかかわりかたや子育てについて相談を受ける機会も多いでしょう。保護者が抱える悩みや心配ごとは、大きく３つに分けることができるといわれています（表9-1）。保護者が抱える悩みや心配ごとは、子どもに関することだけではなく、子育てによって自分自身の生活や活動が影響されているために生じる不安もあることがわかっています。

表9-1 保護者が抱える悩みや心配ごと

子どもに関すること	子どもの生活や育ち、性格など
保護者自身に関すること	育児と仕事との両立、身体的な負担やストレスなど
育児環境に関すること	子育て中に孤独や寂しさを感じる、頼れる家族がいないなど

出典：厚生労働省「保育所等における在園児の保護者への子育て支援──相談等を通じた個別的な対応を中心に」

　保護者から相談を受けたとき、その場でアドバイスができることもあれば、保育者一人の力ではサポートがむずかしいこともあるでしょう。これは保育者の力不足というわけではなく、個人や園、さらには保育の専門機関だけでは支援を展開することがむずかしい場合もあるということです。したがって、保護者から相談を受けたときには、「不安」としてひとくくりにせずに、不安の中身を一つひとつ整理して、具体的に共有することが重要です。

　たとえば、保護者から「うちの子は小学校でちゃんとやっていけるのか不安です…」と相談された場合、ほかの子どもと比べて成長が遅れていないか、ルールや規則を守って学校生活を送ることができるか、友だちとコミュニケーションがうまくとれなくていやな気持ちをため込まないか、勉強についていけるか、学校でトラブルが起きたときに自分の仕事を調整して対応できるか、などさまざまな不安が考えられます。どれか１つだけではなく、複数の不安を同時に抱えている可能性も想定されます。「不安」の内容を一つひとつ整理して具体的に共有することによって、①保育者や園でサポートしやす

い部分、②専門機関や地域の資源でサポートしやすい部分、③家庭でサポートしやすい部分、などと分けることができます。「親である自分が何とかしなきゃ！」と一人で抱え込みがちな保護者は、「自分だけでは解決できない問題だった」ということに気づくだけでも、気持ちが軽くなることもあるかもしれません。

　「不安」の内容について整理ができると、「機能的役割分担」につなげることができます。機能的役割分担とは、それぞれの専門性や得意な能力を活かして役割分担を行う、ということです。たとえば、食事や睡眠、入浴といった生活習慣づくりは家庭で取り組みやすい部分です。一方で、コミュニケーションや社会的マナーに関する学習機会の設定は、園が得意な部分です。先ほどの例で、具体的には「ルールや規則を守って学校生活を送ることができるか不安」ということであれば、決まった時間に起床する習慣づくりは家庭で取り組みやすい課題であり、遊びの順番を守るスキルを身につける支援は保育者が中心となって進めやすい課題といえるでしょう。あるいは、発達特性に由来する時間的感覚の弱さや、顕著なこだわりがある場合は専門機関のサポートを検討するなど、「誰が」「どこで」「何に」取り組むと実行可能性が高く、高い効果が期待できるか、という観点から役割を分担するとよいでしょう。保護者の不安を保育者一人で何とかしようとする必要はありません。保護者と子どもを取り巻くそれぞれの人の得意を活かし、不得意は補い合ってサポート体制を築いていきましょう。

チェック✔

- ☐ 「不安」の内容を一つひとつ整理して、具体的に共有する。
- ☐ 「機能的役割分担」によって、それぞれの専門性や得意な能力を活かした支援体制を築く。

第**9**章　保護者のストレスサインに気づいたときの対応

第10章 保育者自身のストレスマネジメント

① 保育者の元気が子どもたちの元気につながる

■ 保育の仕事の特徴

　保育者は、子どもや子どもの家庭、そして社会を支えています。保育者の存在があるからこそ、保護者は安心して仕事をしたり、家事をしたりすることができます。子どもたちは、保育者の存在によって、家庭だけではなく、園という環境でさまざまな人とかかわりながら過ごすことができています。保育の仕事は、社会にとって必要不可欠であり、かけがえのない仕事であるといえるでしょう。

　厚生労働省は、2022年に「ハローミライの保育士」というポータルサイトを立ち上げたり、給与や働く環境等の改善を行ったりするなど、保育者のなり手不足を解消しようとしています。しかし、「いまの仕事が楽しい！」と感じている人もいれば、「楽しいけれど大変」だと感じている人、もしかしたら、「あまり楽しいと感じることができない…」という人もいるかもしれません。保育の仕事には、仕事量が多く労働時間が長い、達成感を得たり評価されたりする機会が少ない、「うまくいってあたりまえ」「やって当然」と思われやすいなど、特有のストレスの原因があると考えられています。

　一方で、保育者ならではの楽しいことやうれしいこと、やりがいを感じることもあるでしょう。たとえば、日々、子どもの成長を感じることができる、自分自身も成長できる、子どもや保護者から感謝の言葉をかけられるなどがあげられます。楽しいことやうれしいこと、やりがいを思い浮かべてみると、働き続けることができたらいいなと思うのではないでしょうか。このように、子どもや家庭、社会にとって必要不可欠な保育者一人ひとりが楽しく働き続けるためには、自分が経験しやすいストレスをあらかじめ理解して、ストレスと上手に付き合う方法を身につけていくことが大切です。

■ 保育者の行動が子どもに影響する

　保育者のみなさんは、日々、子どもとかかわるなかでさまざまなストレスを感じるこ

とがあるかもしれません。一方で、本書で繰り返し紹介してきたように、子どもたちも大人と同じようにさまざまなストレスを感じていることが知られています。そのような状況のなかで、たとえば、子どもが登園してきたときに、保育者が笑顔で元気に「おはよう！」とあいさつをする場合と、無表情で暗く「おはよう」とあいさつする場合では、

図10-1　保育者が無表情であいさつをした場合

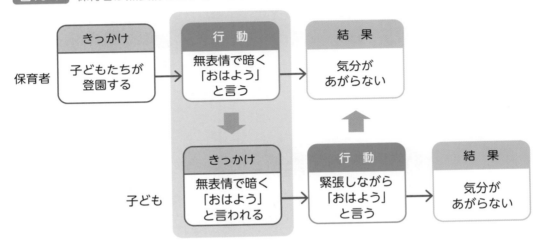

図10-2　保育者が笑顔であいさつをした場合

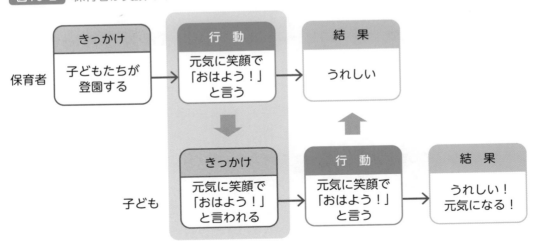

第10章　保育者自身のストレスマネジメント

どちらが子どもたちの元気につながるでしょうか？　きっと、元気に笑顔であいさつをしたほうが子どもたちの元気につながるはずです。その違いはどこにあるのでしょうか。

　保育者の行動は、子どもやまわりの人の行動や気持ちに影響を与えるきっかけとなります。もしも、無表情で暗くあいさつをしたら子どもが緊張してしまうかもしれません（図10-1）。一方で、元気に笑顔であいさつをすると、子どもたちの「うれしい！」という気持ちを引き出すきっかけになって、子どもたちも元気になる可能性が高いのです（図10-2）。このように、保育者の元気な行動は、子どもたちの元気な気持ちにつながっていきます。つまり、保育者が楽しく仕事を続けることが、子どもたちの元気につながるのです。保育者も子どもたちも元気に過ごすために、保育者がストレスとの上手な付き合いかたを身につけておくことは、とても大切といえます。

チェック ✔

- [ ] 保育者の行動は、子どもの「してほしい行動」や元気な気持ちのきっかけになる！
- [ ] 保育者自身がストレスと上手に付き合いながら楽しく働き続けることは、子どもたちの元気につながる！

② 「今日一日を何とか乗り切る」「私ががんばればよい」は大きな間違い

　「今日一日を何とか乗り切る」「私ががんばればよい」。こんな気持ちで毎日を過ごしていることはないでしょうか。このような日々が続くと、知らず知らずのうちに大きなストレスを抱えてしまうことになるかもしれません。ストレスが大きい状態が継続すると、急に燃え尽きたように働くことがいやになる、飽きてしまうといった「バーンアウト状態」になったり、不注意による事故やけがにつながったりする可能性があります。保育者自身がストレスと上手に付き合う方法をいくつか紹介します。

■ とりあえず、ストレスの原因から離れてみる

　第6章の1（p68参照）では子どもへの対応例として紹介していますが、ストレスの原因が、暑い、寒い、うるさいなど、離れられるものや自分でコントロールできるものであれば、大人の場合もこの方法がおすすめです。たとえば、部屋の温度が暑いと感じたときは温度を調節する、別の部屋に移動するなどの対処ができるでしょう。また、子どもに対する接しかたに迷っていて、それがストレスの原因になっているときは、ほかの保育者と連携し、物理的・時間的に子どもから離れる日や時間をつくることのほか、客観的に子どもの行動を観察してみることも効果的です。子どもに対する接しかたや数日後の活動の準備などがストレスの原因になっている場合は、無理に解決しようとするとうまくいかないこともあるかもしれません。あえて時間を空け、翌日に行うと落ち着いて対応できるため、うまくいく場合もあります。

■ 優先順位をつけて対応する

　保育者のストレスの原因として、勤務時間の長さや仕事量の多さがあげられます。やることがたくさんあると、どうすればよいのかわからない状態になってしまうこともあるでしょう。そのようなときは、いますぐにやらなければいけないこと、いつまでにという期日が決まっていることを整理し、優先順位をつけることが大切です。

　同時に多くの子どもを見なければならない場面では、りつくんは棚の上に登りそうで危険、ひろくんは活動になかなか参加できていない、ひまりちゃんとしずかちゃんは何やらもめている…など、気になることがたくさんあると思います。そのようなときでも、まずは危険な状態にあるりつくんに対応する、次にひろくんが活動に参加できるように声をかける、その後、ひまりちゃんとしずかちゃんは自分たちで解決できそうかどうかしばらく見守るなど、細かいことでも優先順位をつけて対応することは、保育者自身のストレス低減にも、子どもの安全にも効果的です。

第10章　保育者自身のストレスマネジメント

　また、複雑な行動を要素ごとに分けて考える「課題分析」という方法があります。たとえば、保育者の立場から「降園の準備をする」という行動について課題分析をすると、①おもちゃの片づけをうながす、②着替えをうながす、③水分補給をうながす、④トイレに行くようにうながす、⑤手紙や連絡帳をかばんにしまうようにうながす、⑥保護者への連絡事項を確認する…など、さまざまな行動が含まれていることがわかります。

　特に降園の準備では、「あと○○分ですべての準備を終わらせなきゃ！」と時間に追われがちになります。限られた時間のなかで何をやるべきなのか、構成要素を分けたうえで優先順位をつけることで、落ち着いて取り組みやすくなります。また、このような課題分析を行うことによって、一つひとつの手続きが整理できるため、うまくいっている手続きとうまくいっていない手続きをほかの先生とも共有しやすくなります。うまくいっているときの方法をほかの先生と共有したり、誰がどの手続きを担うとうまくいくのかなど、役割分担を検討しやすくなるというメリットもあります。

■ いつもの生活習慣に「意識的に」取り組む

　疲れがたまっていると感じたときは、習慣となっている行動にあえて「意識的に」取り組む方法がおすすめです。たとえば、いつもより少し早めに布団に入る、いつもよりゆっくり湯船につかる、時間をかけてご飯を味わって食べてみるなど、普段あたりまえ

だと思っている生活習慣に意識的に取り組んでみましょう。子どもたちのために動いていることの多い自分に、自分のための時間をつくってリフレッシュすることも大切です。園の部屋をいつもよりゆっくり、ていねいに掃除することも、リフレッシュになるかもしれません。

■ 気持ちがラクになる考えかたを見つける

　第6章の15（p120参照）で紹介した、認知再構成法を自分で実践してみることも効果的です。その際にたくさんの考え（認知）から、自分を応援するような考えを「選ぶ」ためのコツがあります。それは、「ラクな気持ちになる考え」を選択するということです。

　第6章の15の「子どもとのかかわりで失敗してしまった」というエピソード（p121参照）を振り返ってみましょう。子どもとのかかわりで失敗してしまったとき、「私はダメな人間だ」「保育者に向いていない」などと考えると、気持ちが落ち込んだり、やる気や自信を失ったりするかもしれません。

　それに対して、「失敗は成功のもとだ、これを成長の機会にしよう！」「がんばって毎日働いているからこそ、失敗することもある」という考えに気づくことができると、気持ちがラクになり、やる気や自信にもつながりやすくなるはずです。結果として子どもと積極的にかかわる、笑顔で過ごすという行動にもつながりやすいといえます。「そん

なにポジティブには考えられない…」と思う人もいるかもしれませんが、心の底からそう思えなくとも、「別の考えかたがある」ということに気がつき、落ち込む気分につながる考えかた以外の考えかたに目を向けること自体が大切なのです。また、自分一人でも、気持ちがラクになる考えかたを見つけることはできますが、まわりの人はどのように考えているのかを聞いてみることで、自分では思いつかなかった別の考えかたに気づくことができます。自分ではなかなかラクな気持ちになれる考えかたが思いつかない場合には、まわりの保育者に聞いてみるのもよいでしょう。

■ まわりの人に相談する

　大きなストレスを感じたときに、まわりの人に相談するという方法も有効です。「みんなもがんばっているから、自分だけ悩みを相談するのはよくないかな…」とか、「恥ずかしいな…」と思ってしまうこともあるかもしれません。たしかに「相談する」ことは勇気がいることでもあります。しかし、まわりの人に相談することで、自分の悩みやストレスが解消されるだけでなく、職場全体がお互いに困ったことを相談しやすい雰囲

図10-3 「認知」を選択する

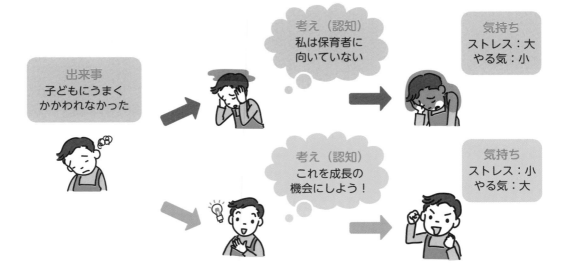

気に変わるきっかけになるなど、自分にとっても周囲にとってもメリットがあります。したがって、日ごろから誰に何を相談するとよいのか、組織のしくみや関係性を確認しておくことが大切です。

　相談する際、お互いに忙しい場合もあると思います。そのようなときには、「相談したいことがある」と前もって伝えておくことや、いつまでに相談したいか、どのくらいの時間をとってほしいかなど目安を伝えておく工夫も大切です。その結果、「15分くらいなら、明日の〇〇の後に時間がとれます」など、相談の時間をとってもらいやすくなるでしょう。

　自分が相談を受けた場合には、いままでがんばってきたことや工夫してきたことをねぎらう言葉を添えて、対応方針を確認したり一緒に検討したりします。

チェック ✔

□ ストレスと上手に付き合うためには、ストレッサーから離れる、優先順位をつけて対応する、普段の生活習慣に意識的に取り組む、気持ちがラクになる考えかたを見つける、まわりの人に相談するなど、さまざまな方法がある！

③ 日常生活を少しだけ変えてみる

　保育者は、子どもを「ほめる」ことの大切さを理解しているため、子どもに対して日常的に「ほめる」ことを行っていると思います。では、その「ほめる」ことを自分自身にも行っているでしょうか。

　保育者として日々、働くなかでは、やるのがあたりまえと思われることがいくつもあります。子どもたちの連絡帳を確認することや翌日の活動の準備をすること、職場に行くこともあたりまえだと思うかもしれません。しかし、このような行動の一つひとつは「がんばっていること」でもあります。自分では、あたりまえの行動、ささいな行動に

第10章　保育者自身のストレスマネジメント

思われることにも目を向けて、自分自身を「ほめる」ことが大切です。言葉で自分自身をほめることで、「よし、やるぞ！」という気持ちにつながることもあるでしょう。

　がんばった自分にごほうびをあげることも効果的です。自分にとっての「ごほうび」を考えたとき、みなさんは何を思い浮かべるでしょうか。第6章の14（p115参照）では、子どもを対象とした例を紹介していますが、テーマパークに行く、好きなアイドルのライブに行くなどのめちゃめちゃウキウキするごほうび（めちゃウキ）は、「がんばるためのエネルギー」として効果的です。しかし一方で、その日までにエネルギーがもたない可能性や、いつもと違う生活リズムになって疲れる、ということもあるかもしれません。そのため、毎日や週に1回程度の、ちょっぴりウキウキするごほうび（ちょいウキ）を見つけることが有効です。たとえば、好きなデザートを食べる、好きなテレビ番組を観るなど、日常生活に組み込めそうな、自分に合った「ちょいウキ」を見つけることで、日々が楽しく過ごせる可能性があります。

　また、リフレッシュのために「何か新しく趣味を見つけよう！」とか「ダイエットを兼ねて運動しよう！」などと日常生活をより豊かにしたいと考える人もいるかもしれません。そのような場合は、生活を大きく変えるのではなく、変えやすいところから変えていくことがポイントです。「毎日、30ページは読書するぞ！」とか「明日から毎日5キロ走るぞ！」といきなり生活を変えてしまうと、かえって疲れてしまうこともあります。そのため、「とりあえず、毎日3ページは読書をしてみようかな」とか「お風呂上がりに5分間ストレッチをしよう」など、取り組みやすいところから変えていくと、その行動は維持しやすく、結果的に効果も高くなることが期待できます。

　リフレッシュしながら、少しでも毎日をウキウキした気持ちで過ごしていくことで、自分自身はもちろん、子どもたちの元気や、ストレスの低減につながっていきます。

チェック ✔

☐ 保育者が、自分自身を「ほめる」、自分なりの「ちょいウキ」を見つける、取り組みやすいところから変えていくことで、子どもたちの元気や、ストレスの低減につながる！

ストレス対処法を子どもと一緒に考えるタイミング

　ストレスについて、子どもに教えたり一緒に考えたりするのは、子どもがストレスを感じていたり、何か問題が生じたりしているときよりも、比較的落ち着いているときのほうが、理解が深まり、定着につながることが期待できます。

　特に、怒りの気持ちやイライラが強い子どもに対して、激しく怒っているときにリラクセーションの方法を教えようとしても、話を聞くことができなかったり、反発してしまったりする可能性が高いでしょう。それよりも、穏やかに過ごしていて、保育者の話をすんなり受け入れられる状況でストレスへの対処法を一緒に考え、練習するほうが効果的です。

　これは、たとえば地震や豪雨などの災害時や、コロナ禍のような誰もが未経験の強いストレスを感じる状況とも共通しています。ストレスに関する研究では、通常時にストレスへの対処法を身につけていた人は、身につけていなかった人よりも、緊急時のストレスをある程度コントロールできる可能性が高いことがわかっています。大規模な災害が発生した際には、特に心理的な健康の担保や向上よりも生活やライフラインの確保が優先されます。それは仕方のないことだからこそ、通常時にストレスへの対処法を身につける機会をつくる必要があるのです。

　また、特に幼児期の子どもは、ストレスへの対処法について、1回で十分に理解したり、身につけたりすることはむずかしいでしょう。したがって、まずは落ち着いているときにストレスへの対処法を一緒に考え、日常生活で「この前一緒に練習した方法を使ってみよう」と、ストレスへの対処法を実践する必要があります。さらに、「やってみてどうだった？」「すっきりした？」など、ストレス対処法を実践した効果を一緒に振り返り、その有効性を子どもと共有できることが大切です。

参考文献

- 岡田俊『発達障害のある子と家族のためのサポートBOOK　幼児編』ナツメ社、2012年
- 厚生労働省「保育所等における在園児の保護者への子育て支援——相談等を通じた個別的な対応を中心に」2023年
- 厚生労働省「こころもメンテしよう〜ご家族・教職員の皆さんへ〜」 https://www.mhlw.go.jp/kokoro/parent/mental/sos/sos_01.html
- 厚生労働省「ハローミライの保育士」 https://www.mhlw.go.jp/hoiku-hellomirai/
- 日本医療政策機構作成、桜美林大学小関俊祐研究室監「子どもとのかかわりを通して育む　保護者と子どものこころの健康」2023年
- 林剛丞・江川純・染矢俊幸「ストレス関連障害を示す発達障害」『ストレス科学研究』30巻、2015年
- 文部科学省「平成24年度非常災害時の子どもの心のケアに関する調査報告書」2013年
- 「要支援児童等（特定妊婦を含む）の情報提供に係る保健・医療・福祉・教育等の連携の一層の推進について」別表2「虐待の発生予防のために、保護者への養育支援の必要性が考えられる児童等（「要支援児童等」）の様子や状況例【乳幼児期用】」平成28年12月16日雇児総発1216第2号・雇児母発1216第2号

あとがき

　「ストレス社会」という言葉が広く一般的に用いられるようになってから、ずいぶんと時間が経ちました。大人のうつ病等に代表される精神疾患や、それに伴う休職、離職の問題が毎日のように話題になります。子どもに目を向けると、いじめや不登校といった、ストレスに関連するといわれる問題に直面している子どもの数も年々増えています。

　このような状況をふまえて、2022年度に日本医療政策機構の方々と共同で、政策提言「幼稚園教諭・保育士等未就学期の保育者と保護者のメンタルヘルスケアの強化に向けて」を公表するとともに、家庭向け小冊子「子どもとのかかわりを通して育む　保護者と子どものこころの健康」を、日本語、英語、中国語、ベトナム語、ポルトガル語の5か国語で作成するという取り組みを行ってきました（これらの冊子は、日本医療政策機構のWebサイトよりダウンロード可能です）。

　このような取り組みに代表されるように、これまでは、ストレスについて問題が起きたら対応する、治療する、といった方針が主でしたが、近年は「予防」という側面が強調されるようになってきています。保育所や幼稚園、認定こども園、あるいは学校では、身体の不調やいじめ、不登校などの問題が発生した場合、その問題が大きければ大きいほど、先生は対応しにくく、医療や福祉、場合によっては司法などの外部機関に委ねることになります。それに対して、予防的な支援は、園や学校で実施が可能であるとともに、問題の発生を予防するだけではなく、子どもやクラスをよりよい状態に導くことができるという側面もあります。

　さらには、このような予防的な視点は、園なら園だけで、小学校なら小学校だけで活用可能なわけではなく、幼児期に身につけたストレスへの対処法や問題解決の観点は、大人になってからも役立ちます。幼児期に友だちとの関係の構築やストレスについて理解したり練習したりしておくと、大人になってから職場の同僚や友人との関係構築に活かされるでしょう。同様に、園での先生との関係は、職場の上司や取引先との関係に、

保護者との関係も形を変えて生涯にわたりつながっていくはずです。つまり、ストレスの原因（ストレッサー）が変わっても、ストレスへの対処や対人関係の構築に必要な観点は、おおよそ生涯にわたって共通していることがわかります。したがって、ストレスの対処法について学ぶ機会は、早ければ早いほど活用するチャンスは多く、また実際のスキルとして子どもたちに定着していくことが期待できます。そして何より、先生や保護者に見守られた比較的安全な環境においてこそ、適切な練習を行い、試行錯誤することが可能であるといえます。

　このようなストレスへの対処法について、小学生以降の子どもを対象とした書籍は多くありましたが、幼児期の子どもを対象とした実践は少なく、書籍としても園で子どもと一緒に取り組むことができるような、具体的な支援方法を整理したものはありませんでした。私自身も必要性は感じていたものの、体系化することは困難であると思っておりました。そのようななか、中央法規出版株式会社の須貝牧子様から、保育者向けに園での日常の子どもとのかかわりのなかで実践できる、子どものストレスマネジメントの書籍をつくりませんか、というお声がけをいただきました。とても嬉しいお話であった一方で、保育の専門家ではない私には、むずかしいタスクなのではないかと、大きな不安を抱いていました。

　そこで、幼児期を含めた子どもの心理的支援を継続的に行っているとともに、保育者や保護者の支援も行っている先生方の力をお借りして、本書の完成を目指すことにしました。

　小池由香里先生は、発達障害や知的障害のある子どもたちや先生方、保護者を広く支援されています。子どもたちへの支援はもちろんのこと、クリニックの子育て相談外来等では、多くの保護者に対するケアも実践されています。近年は、動画コンテンツ等も活用しながら、保護者の子どもに対するかかわりかたについて研究されています。

　土屋さとみ先生は、長く市の教育センターにて教育相談等で子どもたちや保護者を対象とした支援を行ってこられました。近年は、児童発達支援事業所において、子どもへの療育や療育を提供するスタッフへの研修を通して、広く子ども支援を展開されていま

す。そのほか、本書で紹介したマインドフルネスヨーガを専門的に研究され、幼児から高校生までの多くの子どもを対象に実践されています。

　杉山智風先生は、幼児から高校生までのクラス等の集団を対象としたストレスマネジメントの実践を専門とされています。これまで、全国各地の保育所や幼稚園、認定こども園、学校等で、多数のストレスマネジメントを実践されています。また、児童発達支援事業所での療育の経験もあることに加え、近年は保育所、幼稚園、認定こども園と小学校の連携を円滑に進めることを目指す「幼保小連携」の研究と実践もされています。

　新川瑶子先生は、療育の経験を豊富にお持ちであることに加えて、子どもの精神疾患に対する支援や不登校等の支援を専門とされています。さまざまな現場でのご経験をもとに、子どもや保護者を対象とした心理相談を行い、さらにそれを園や学校で活かせるよう、工夫を凝らして実践されています。

　岸野莉奈先生は、児童発達支援センターや児童発達支援事業所において、日々、多くの子どもたちとかかわっています。幼児期の子どもを中心に、日々の成長を把握しつつ、支援を展開されています。また、保護者の育児ストレスに対するケアや子どもとのかかわりかたをテーマにした支援を実践されています。

　本書は、以上のような専門性をもつ執筆者の先生方に加え、子どもたちと保育者の様子をイメージしやすいよう、とてもやわらかくてかわいいイラストをたくさん描いていただいたあべまれこ様、素敵なデザインで整えてくださった澤田かおり様のご協力のもとに完成しました。この場をお借りしてお礼申し上げます。そして出版の企画からその構成、事例の展開、全体の進捗等、多岐にわたってメンタルとパフォーマンスの両面で支えてくださった、中央法規出版株式会社の須貝牧子様に、心より感謝申し上げます。

執筆者一覧

● 編著

小関俊祐 (こせき・しゅんすけ)

桜美林大学リベラルアーツ学群准教授。公認心理師／臨床心理士／認知行動療法スーパーバイザー®／専門行動療法士／日本ストレスマネジメント学会認定ストレスマネジメント®実践士／指導健康心理士
学級集団（幼児から高校生）を対象としたストレスマネジメント教育や学校における特別支援教育の支援方法の検討、発達障害のある子どもとその保護者に対する支援を中心に研究と臨床を行う。公認心理師の会教育・特別支援部会長、日本認知・行動療法学会理事、日本ストレスマネジメント学会常任理事（2024年3月現在）。著書に『スタジオそら式おうち療育メソッド1　行動編』『スタジオそら式おうち療育メソッド2　構造化編』（いずれも共著、主婦の友社）、『自立活動の視点に基づく高校通級指導プログラム』（共編著、金子書房）、『小学生に対する抑うつ低減プログラムの開発』（単著、風間書房）などがある。

● 執筆者 (50音順)

岸野莉奈 （きしの・りな） .... 第6章7・9、第10章
　社会福祉法人相模福祉村児童発達支援センター青い鳥心理士／公認心理師

小池由香里 （こいけ・ゆかり） .... 第5章、第6章1・8・10、第7章
　滋賀医科大学小児科学講座心理士／ののみちこども園発達支援アドバイザー／
　公認心理師・臨床心理士

小関俊祐 （こせき・しゅんすけ） .... 第1章～第5章、第6章4・14・15
　前掲

杉山智風 （すぎやま・ちかぜ） .... 第6章2・6・13、第9章、第10章
　京都橘大学総合心理学部助教／公認心理師・臨床心理士

土屋さとみ （つちや・さとみ） .... 第6章3・5・16・17・18
　アース・キッズ株式会社　発達障害療育研究所／公認心理師・臨床心理士

新川瑶子 （にいかわ・ようこ） .... 第6章11・12、第8章
　半蔵門のびすここどもクリニック心理士／公認心理師・臨床心理士

子どもと一緒に取り組む
園生活での子どものストレス対処法

2024年3月20日　発行

編　著　　小関俊祐
発 行 者　　荘村明彦
発 行 所　　中央法規出版株式会社
　　　　　　〒110-0016　東京都台東区台東3-29-1　中央法規ビル
　　　　　　TEL 03-6387-3196
　　　　　　https://www.chuohoki.co.jp/

本文・装丁デザイン　　澤田かおり（トシキ・ファーブル）
イラスト　　　　　　　あべまれこ
印刷・製本　　　　　　株式会社アルキャスト